30°

坂詰式 正しい「筋トレ」の教科書

肌力訓練

教科書

一天3分鐘，在家就能有效鍛鍊肌肉！

NSCA認證肌力與體能教練 **坂詰真二**

U0073217

想提升肌力訓練的效果，
就要努力學習「以正確的姿勢，
集中刺激想要鍛鍊的肌肉」。

從日本開設第一家健身房，至今大約已過了三十幾年。原本肌力訓練（※）被認為是年輕男性才會從事的運動，但現在已經普及於女性和中高年齡層。

這是一件值得高興的事情，但還是有不少人抱怨，花費了寶貴的時間與金錢做肌力訓練，自己的**體型完全沒有任何變化**。這些人並不是自己胡亂訓練，而是依照肌力訓練相關書籍所教的方式，或是接受個人體能訓練師的指導，但還是沒有顯著的效果。

肌力訓練無法帶來預期效果的原因，其實不在於肌力訓練的項目種類、強度，或是次數。直截了當地說，重點在於肌力訓練的**「姿勢」**。採取**無法獲得效果**的姿勢來做肌力訓練，便無法感受到肌力訓練所帶來的效果。

不管是拉高肌力訓練的負重，做大量項目的肌力訓練，或是攝取高蛋白質，如果在做肌力訓練時沒有保持正確的姿勢、有效刺激肌肉的話，是沒有任何意義的。即使肌肉變得結實，卻不夠強健。

我們要學習「以正確的姿勢，集中刺激想要鍛鍊的肌肉」。這就是肌力訓練的訣竅，也就是真髓。

坊間的肌力訓練書籍或雜誌礙於篇幅，無法詳細解說最重要的姿勢內容，這是不可否認的事實。而本書將運用大量的篇幅與照片，詳細地解說有關於肌力訓練的正確姿勢。

無論是從事多年肌力訓練卻無法感受明顯效果的人，或是因關節、肌肉受傷而一度中斷肌力訓練的人，都可以透過本書所記載的重點，掌握正確的姿勢。

只要保持正確的姿勢，在從事肌力訓練的過程中，肌肉就會感受到**前所未有的刺激**。相信在短短幾個禮拜內，你就會開始**感受到身體的變化**。

在此由衷期盼各位能將本書當成教科書，實行正確的肌力訓練，**以最小的努力帶來最大的效果。**

二〇一六年九月吉日
「SPORTS & SCIENCE」創辦人　坂詰真二

（※）肌力訓練是運用身體肌力抵抗重力等阻力，以提升肌肉素質或肌肉量的訓練總稱。正式名稱為阻力訓練（resistance training），本書則統一使用大家耳熟能詳的「肌力訓練」一詞。

＜在進行肌力訓練前請詳讀以下注意事項＞

○有以下症狀的人，在從事肌力訓練前請先尋求主治醫師的專業意見。有心血管疾病（高血壓、心臟病等）、呼吸系統疾病（氣喘、慢性阻塞性肺病等）、骨科疾病（椎管狹窄、膝部退化性關節炎等）病史者，或是正在接受治療的患者。孕婦或有可能受孕的女性、65歲以上的老年人、運動嚴重不足的族群。以及BMI（※）未達18.5或超過30以上的人士。
※BMI＝體重（kg）÷身高（m）÷身高（m）

○運動過程中如果有感覺肌肉、關節疼痛，或有其他的不適感，要立刻停止，並接受醫師的診斷。
○過度疲勞、睡眠不足等身體狀況不佳的時候，或是飲酒後，都要盡量避免從事運動。
○可視身體狀況減少運動項目、負重、次數、組數。
○飯後或空腹狀態下避免從事運動。
○運動前、運動時、運動後都要補充水分。

CONTENTS

正確鍛鍊肌肉的真髓

只要對身體施加負重，並完成一定的訓練量，即可長出肌肉──其實這是錯誤的觀念。最重要的是保持正確的姿勢，還有針對需要鍛鍊的身體部位、速度、頻率等，仔細地掌握訓練重點，這才是有高效率並能正確鍛鍊肌肉的捷徑。

以大塊肌群為中心進行鍛鍊

愈大塊而強健的肌肉，愈容易退化萎縮。只要針對大腿、臀部、胸部、背部等大塊肌群為中心進行鍛鍊，即可提升基礎代謝，自然而然減去體脂肪，讓體型變得勻稱。

→詳細內容請參照P14

不要依賴反動，僅刺激想要鍛鍊的肌肉部位

實行僅運用作用肌（想要鍛鍊的部位）的「嚴格訓練法」，是正確肌力訓練的第一步。要注意不要依賴反動（反作用力）來驅動身體，並保持正確的姿勢。

→詳細內容請參照P16

採取與重力相反的動作來提高負重

重訓是讓身體往重力的相反方向活動，藉此有效鍛鍊肌力。只要依照本書的圖解，就能正確運用有效鍛鍊肌肉的姿勢。

→詳細內容請參照P17

※ 作用肌
依據肌肉運動而產生動作的主要肌肉。

緩緩地以正確的速度做肌力訓練

提高速度後就會不自主地借力驅動身體，反而降低訓練的效果。可以花1秒抬起身體，花2秒放下身體，以這樣的速度慢慢做肌力訓練。

→詳細內容請參照P18

以30秒為間隔舒緩肌肉

為了讓受到刺激的肌肉獲得舒緩，在肌力訓練的每組或種類之間，需要30到90秒的休息時間。但休息時間不可太長，要做好時間管理。

→詳細內容請參照P19

要維持肌力，每週進行一次肌力訓練即可

為了提高訓練的效果，可以在訓練期間選定1到2天的休息日，讓身體肌肉獲得完全的休息。只要有了必須肌肉量，即使每週進行一次肌力訓練，也能維持良好的肌力狀態。

→詳細內容請參照P19

坂詰式
正確「深蹲」
姿勢示範！

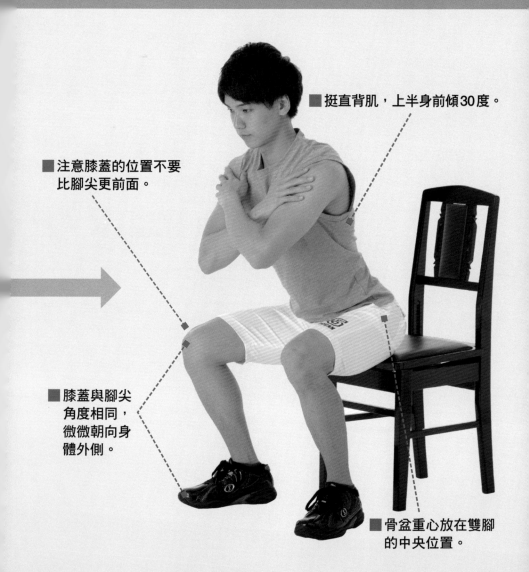

■挺直背肌，上半身前傾30度。

■注意膝蓋的位置不要比腳尖更前面。

■膝蓋與腳尖角度相同，微微朝向身體外側。

■骨盆重心放在雙腳的中央位置。

■ 要站起來時，
上半身不能繼
續前傾。

■ 同時伸屈膝蓋
與髖關節。

詳細內容請參照 P30〜

正確「伏地挺身」姿勢示範！

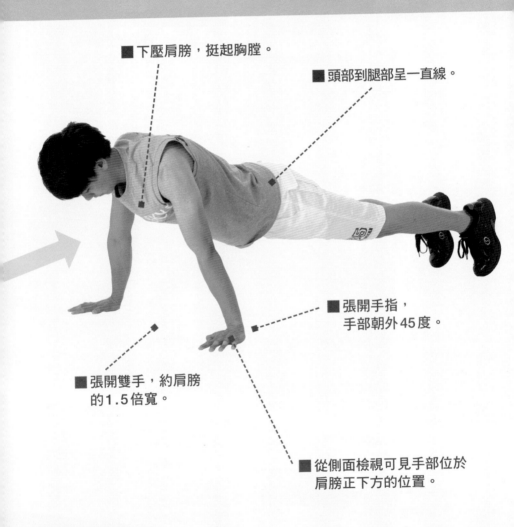

■ 下壓肩膀,挺起胸膛。

■ 頭部到腿部呈一直線。

■ 張開手指,
手部朝外45度。

■ 張開雙手,約肩膀
的1.5倍寬。

■ 從側面檢視可見手部位於
肩膀正下方的位置。

■ 頭部到腿部呈一直線。

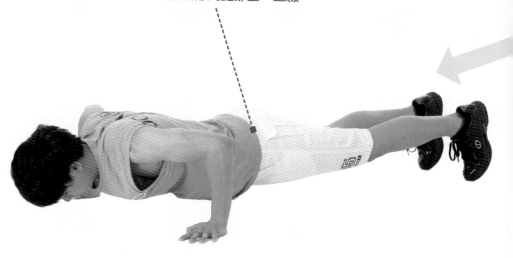

詳細內容請參照 P 38 ～

坂詰式
正確「捲腹」
姿勢示範！

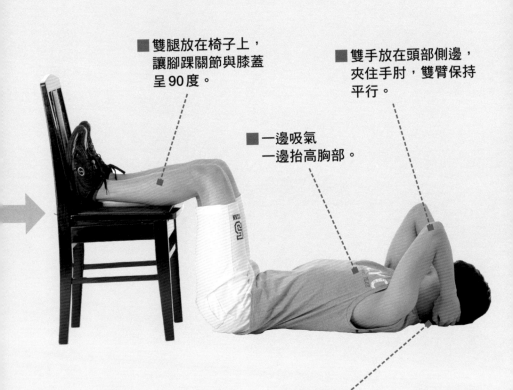

■ 雙腿放在椅子上，
讓腳踝關節與膝蓋
呈90度。

■ 雙手放在頭部側邊，
夾住手肘，雙臂保持
平行。

■ 一邊吸氣
一邊抬高胸部。

■ 運用指尖力量抵住後腦勺，
減輕頸部的負擔。

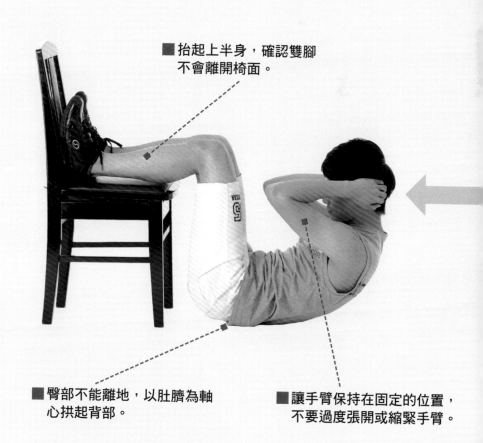

■ 抬起上半身，確認雙腳
不會離開椅面。

■ 臀部不能離地，以肚臍為軸
心拱起背部。

■ 讓手臂保持在固定的位置，
不要過度張開或縮緊手臂。

詳細內容請參照 P 46 ～

以正確的姿勢鍛鍊出最強大的肌肉！

肌力訓練的7大注意事項

在開始進行肌力訓練的時候，要先考量肌力訓練的內容與方法（種類、方法、姿勢、順序、速度等），以及要做到什麼程度（負重、次數、間隔、頻率）。先思考肌力訓練的基本原則，並充分認識正確的姿勢，以掌握最有效率的訓練方法。

肌力訓練的內容與方法

- 種類
- 方法
- 姿勢

要做到什麼程度

- 順序
- 速度
- 負重與次數
- 頻率

1 種類

依據肌力訓練的目的，訓練的種類或多或少有所不同，但共通點是均衡地鍛鍊全身。因此，有三種肌力訓練為必備項目，包括完整地鍛鍊下半身並提高代謝的「深蹲」、上半身肌力訓練的代表「伏地挺身」、可強化體幹的「捲腹」。首先可以將這三大項目當作肌力訓練的最大公約數，開始進行訓練。

捲腹
（體幹）

伏地挺身
（上半身）

深蹲
（下半身）

方法

要運用哪些器材來對肌肉施加負重呢？負重的種類包括運用自身體重的「自重訓練」、使用啞鈴或槓鈴的「自由重量訓練」、在健身房使用「健身器材」，或是使用彈力帶或彈簧拉力器的「抵抗彈性」等，大致可分為以上四類。在本書的第一章與第二章，我要介紹自重訓練的方法，接下來在第三章介紹自由重量訓練與抵抗彈性的方法。以下是各種肌力訓練方法的優缺點。

	優點	缺點
自重訓練	不用花錢買器材，只要有健康的身體，無論何時何地都能進行訓練。 ※僅依靠自重訓練就能獲得足夠的訓練效果。	如果沒有保持正確的姿勢，便難以感受到顯著的效果，必須學習正確的訓練姿勢。
自由重量訓練 （啞鈴）	可以設定多種訓練項目，調整負重也相當簡單，能運用啞鈴訓練到透過自重訓練難以鍛鍊的部位。	在自家做自由重量訓練時，要依照身體部位準備三種以上不同重量的啞鈴，得花上一筆錢。
健身器材	即使沒有留意訓練的姿勢，健身器材也會依照身體的狀態確實施加負重，易於產生訓練效果。	要定期前往健身房，需要花費訓練成本。到健身房後還要先換衣服，無論在物理上或時間上都有負擔及限制。
抵抗彈性 （彈力帶）	無論是站著或坐著都能保持輕鬆的姿勢。可以把彈力帶拉短一點，或是對折使用彈力帶，調整負重非常方便。	彈力帶會殘留指甲的抓痕，也比啞鈴更容易損壞，大約一年後就要更換新品。

3 姿勢

在進行本書所介紹的自重訓練時，最重要的是保持正確姿勢，尤其是準備姿勢，各位可以一邊確認各頁的圖解一邊練習。關於訓練的正確姿勢，首先要介紹以下的四大重點。

重點① 僅刺激想要鍛鍊的肌肉

嚴格訓練法

為了刺激想要鍛鍊的肌肉，訓練時要運用反動，並避免做出日常生活中的動作。這種訓練法聽起來違背常理，但可說是鍛鍊肌肉的正常動作。本書的所有肌力訓練都是運用嚴格訓練法。

借力訓練法

運用反動或重力來驅動身體的方法。借力訓練法屬於合理性動作，對於運動選手而言是相當有效的方法，但施加在欲鍛鍊部位的負重較輕，鍛鍊肌肉的效率較差。借力訓練法主要有以下四種。

代償

作用肌的功能是輔助其他肌肉的動作，因為分散了負重，身體活動更為輕鬆，但無法鍛鍊到作用肌。比如說，利用鍛鍊腰部肌肉的背部伸展訓練，以髖關節為軸心驅動身體時，臀部肌肉就會產生代償作用（參照下圖）。

反動

身體先往活動方向的反方向擺動，利用肌肉的反射作用讓身體更易於活動的方法。最典型的例子是：做鍛鍊上臂二頭肌的啞鈴二頭肌彎舉訓練時，先將啞鈴往身體後方擺動，接著才彎曲手肘。

反作用力

當身體接觸物體後，利用反作用力來驅動身體的方法。典型的例子有：做仰臥推舉的時候，先用胸部抵住槓鈴，才推起槓鈴；做捲腹的時候，背部大力接觸地面，再藉由反作用力抬起上半身。

重力

利用重力拉引的力量來驅動身體。典型的例子有：做捲腹的時候，先抬起臀部，再趁著臀部向下的時候抬起上半身；做深蹲時，要站起來之前身體往前傾。

借力訓練法

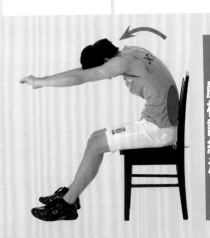

嚴格訓練法

重點② 抵抗重力發揮肌力

做自重訓練的目的是抵抗重力，發揮肌力。重點是要讓受到重力拉引的方向，與肌肉發揮力量的方向相反。請各位依照本書的說明調整姿勢。

重點③ 讓肌肉大幅伸縮

先讓肌肉呈現最大延伸與收縮的狀態，即可提高訓練的效果。

全範圍訓練法 ───── 在關節的所有可動範圍內，盡可能大幅度活動肌肉，屬於基本的肌力訓練方法。不過，在進行全範圍訓練法時，要在沒有代償的範圍下進行。

局部範圍訓練法 ───── 在關節的局部可動範圍內，小幅度活動肌肉。想要微調負重時會運用此法。

重點④ 不要造成關節的負擔

NG

進行肌力訓練時，絕對不能造成關節的負擔。當肌肉受到刺激後，為了承受接下來的負重，會變得更為結實。不過，關節就像是消耗品，如果產生損傷便難以復原。各位只要參考本書介紹的內容，確實地保持正確的肌力訓練姿勢，即可有效刺激肌肉，並減輕對於關節的負擔。

如果沒有將膝蓋重心放在腳尖的正上方，
就會造成膝關節的負擔。

4 順序

自重訓練的最佳順序為下半身、上半身、體幹，全身有60％的肌肉集中在下半身，因此下半身是最需要能量的部位，也是在初期階段就要仔細鍛鍊的部位。而體幹是構成肌力訓練正確姿勢的重要部位，如果體幹疲勞，會導致肌力訓練的姿勢失去協調性。因此，要在最後的階段再鍛鍊體幹。

下半身		上半身		體幹
例：深蹲	→	例：伏地挺身	→	例：捲腹

5 速度

為了給予肌肉適度的刺激，花1秒由下至上抬起（上升動作）身體或啞鈴，再花2秒放下身體（下降動作），做上升跟下降動作時要放慢速度。若做動作的速度過快，由於實際上肌肉所發揮的力量較小，且時間太短，鍛鍊目標部位的訓練效果會變小。如果想要加強訓練的刺激力，則是花2秒做上升動作、花4秒做下降動作。

花2秒吸氣

由上至下放下身體
（離心收縮）

花1秒吐氣

由下至上抬起身體
（向心收縮）

6 負重、次數、間隔

光是完成一定次數的肌力訓練，並無法達到充分鍛鍊肌肉的效果。首先要依照自身的體能水準來選擇合適的負重，利用重量百分之百鍛鍊目標肌肉，並決定適當的訓練次數與組數，以及訂出適度的訓練間隔（休息）。

能重複做10次的負重

負重的標準在於能重複做6～15次，但要保留還能做1～2次的餘力。如果無法持續做6次，雖能鍛鍊肌力但不易增加肌肉量；若能持續做16次以上，雖能增加持久力，但難以增加肌肉量。

採用組合訓練法，在每組之間休息30～90秒

為了充分刺激想要鍛鍊的肌肉，採用3組搭配的組合訓練法更具效果。當肌肉施力後，大約需要30～90秒才能恢復，在每組訓練之間要安插休息時間。在各項目訓練之間，也是採同樣的方式。

深蹲
×
10次3組

休息
30秒

伏地挺身
×
10次3組

休息
30秒

捲腹
×
10次3組

7 頻率

在做肌力訓練後，肌肉大概需要48小時的恢復時間，因此在每次訓練之間要排1～2天的休息日。若想要提升肌力，每週做2～3天肌力訓練是最理想的方式。如果是以維持肌力為目的，每週選1天做訓練也沒有問題。

一	二	三	四	五	六	日
OFF	訓練日	OFF	訓練日	OFF	訓練日	OFF

纖細肌肉 體型
└─→ 一邊減去體脂肪，一邊鍛鍊肌肉

＜3項前置與縮短時間的訓練計畫表＞

在一開始4個禮拜的時間做以下3種訓練，讓身體適應。若4個禮拜後遇到較為忙碌的日子，一樣做這3項訓練即可。

①深蹲→P 30　②俯臥撐→P 38　③捲腹→P 46

＜9項推薦的訓練計畫表＞

過了4個禮拜，依序從④開始每週增加一項訓練項目。

①深蹲
②俯臥撐
③捲腹
　＋④舉踵→P 76
　＋⑤肩上推舉→P 58
　＋⑥背部伸展→P 82
　＋⑦單腳提臀→P 70
　＋⑧單手划船→P 102 or
　　　坐姿划船→P 104
　＋⑨二頭肌彎舉→P 110 or 112

結實肌肉 體型

經歷纖細肌肉時期，
加強鍛鍊出更結實的肌肉

＜6項前置與縮短時間的訓練計畫表＞

一開始的4個禮拜做以下6種訓練讓身體適應。之後忙碌的日子，一樣做這6項訓練即可。

①深蹲→P30　②俯臥撐→P38　③捲腹→P46
④單腳提臀→P70　⑤肩上推舉→P58　⑥背部伸展→P82

＜12項推薦的訓練計畫表＞

過了4個禮拜，依序從⑦開始每週增加一項訓練項目。

①深蹲	＋⑦反向俯臥撐→P64
②俯臥撐	＋⑧單手划船→P102 or
③捲腹	坐姿划船→P104
④單腳提臀	＋⑨腿部上抬軀幹扭轉→P88
⑤肩上推舉	＋⑩舉踵→P76
⑥背部伸展	＋⑪啞鈴側平舉→P106
	＋⑫二頭肌彎舉→P110 or 112

倒三角 體型

→ **經歷纖細肌肉時期，
以上半身為主鍛鍊出更為結實的肌肉**

＜6項前置與縮短時間的訓練計畫表＞

一開始的4個禮拜做以下6種訓練（皆為等級4）讓身體適應。若4個禮拜後遇到較為忙碌的日子，一樣做這6項訓練即可。

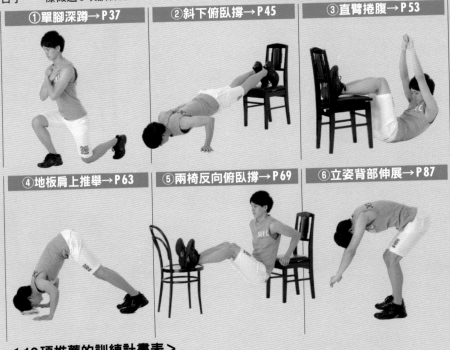

①單腳深蹲→P 37
②斜下俯臥撐→P 45
③直臂捲腹→P 53
④地板肩上推舉→P 63
⑤兩椅反向俯臥撐→P 69
⑥立姿背部伸展→P 87

＜12項推薦的訓練計畫表＞

過了4個禮拜，依序從⑦開始每週增加一項訓練項目。

①單腳深蹲
②斜下俯臥撐
③直臂捲腹
④地板肩上推舉
⑤兩椅反向俯臥撐
⑥立姿背部伸展

＋⑦舉踵→P 76
＋⑧單手划船→P 102 or
　　坐姿划船→P 104
＋⑨彈力帶側平舉→P 108
＋⑩腿部上抬軀幹扭轉→P 88
＋⑪斜上胸部推舉→P 100
＋⑫二頭肌彎舉→P 110 or 112

運動員 體型

→ **經歷纖細肌肉時期，
鍛鍊出能應對運動競技的肌肉**

＜6項前置與縮短時間的訓練計畫表＞

一開始的4個禮拜做以下6種訓練讓身體適應。之後忙碌的日子，一樣做這6項訓練即可。

①單腳深蹲→P37
②斜下俯臥撐→P45
③直臂捲腹→P53
④垂直單腳舉踵→P81
⑤地板肩上推舉→P63
⑥立姿背部伸展→P87

＜10項推薦的訓練計畫表＞

過了4個禮拜，依序從⑦開始每週增加一項訓練項目。

①單腳深蹲
②斜下俯臥撐
③直臂捲腹
④垂直單腳舉踵
⑤地板肩上推舉
⑥立姿背部伸展

＋⑦單腳提臀→P70
＋⑧單手划船→P102 or
　　坐姿划船→P104
＋⑨腿部上抬軀幹扭轉→P88
＋⑩二頭肌彎舉→P110 or 112

超短時間「賽道式訓練法」

基本的訓練組數為10次×3組，在每組訓練之間與每項訓練項目之間各自會穿插平均1分鐘（30～90秒）的間隔。相較之下，賽道式訓練法是連續進行複數的訓練項目，並省略每組訓練之間的間隔，能在短時間內進行訓練。

例：纖細肌肉體型「3項前置與縮短時間的訓練計畫表」，進行2組（2循環）訓練的情況

＜訓練組數法＞

平行深蹲、俯臥撐…**30秒訓練＋1分鐘休息**（每組訓練之間休息）
＋30秒訓練＋1分鐘休息（每項訓練之間休息）**＝3分鐘**
撐頭捲腹…**30秒訓練＋1分鐘休息**（每組訓練之間休息）**＋30秒訓練**
（因為是最後的訓練項目，無項目之間的休息時間）**＝2分鐘**
總訓練時間＝3分鐘＋3分鐘＋2分鐘＝8分鐘

＜賽道式訓練法＞

1組（1循環）…**30秒＋30秒＋30秒＝1分30秒**
總訓練時間…1分30秒×2＝3分鐘

人體肌肉分布圖

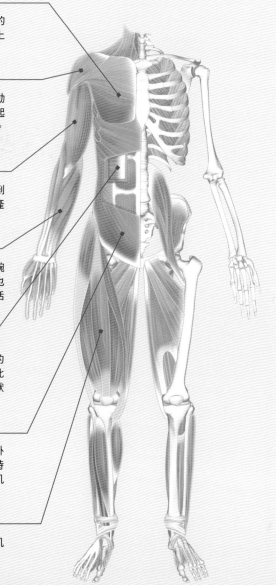

■胸大肌

能增加胸腔的厚實度，是胸部最大的肌肉。從後方往前伸出手臂，或由上往下放下手臂時，都會用到胸大肌。

■三角肌

手臂往上下、前後、左右的方向活動時會用到三角肌。尤其是用手臂抬起物品的時候，會借助三角肌的力量。此處肌肉也會塑造出更廣的肩寬。

■肱二頭肌

位於上臂前側，是彎曲手肘時會用到的肌肉。握緊拳頭彎曲手肘時，會產生隆起的外觀。

■前臂

抓取物品、手腕向內彎曲、後彎手腕時會用到的肌肉，使用電腦的時候也會用到前臂。前臂是男性在日常生活中唯一外露的部位。

■腹直肌

位於腹部前側，是連接肋骨與骨盆的肌肉，拱起背部時會用到腹直肌。此部位經過鍛鍊後，會形成明顯的塊狀腹肌。

■腹斜肌

位於側腹部的肌肉，腹內斜肌與腹外斜肌同時動作，扭轉身體或側彎的時候經常用到腹斜肌。腹直肌與腹斜肌皆有讓內臟保持在正確位置的功能。

■股四頭肌

位於大腿前側，是最大而強健的肌肉。伸直膝蓋時會用到股四頭肌。

加強鍛錬這些肌肉！

■斜方肌

位於背部上方的大塊肌肉，分為上、中、下三個部位，上部的功能為聳肩，中部與下部則是內縮肩胛骨。

■菱形肌

從脊椎往左右肩胛骨延伸的成對肌肉，在內縮肩胛骨並挺起胸部時會用到菱形肌。提高菱形肌的肌力，有助於改善駝背情形。

■肱三頭肌

位於手臂的內側，伸直手肘時會用到此肌肉。肱三頭肌會比肱二頭肌來得厚實，想塑造出充滿男子氣概的手臂肌肉的話，務必鍛鍊肱三頭肌。

■背闊肌

覆蓋整個背部的肌肉，上側較為厚實。手臂由上往下擺，或是由前往後拉引的時候，都會用到背闊肌。

■豎脊肌

支撐作為身體支柱的脊柱之長形肌肉，腰部附近的豎脊肌較為厚實，伸直脊骨時會用到豎脊肌。多加鍛鍊此部位，有助於增進體幹的穩定性。

■臀大肌

位於臀部後側，當腿部由前往後拉時會用到此部位。此外，舉凡站立、步行、跳躍等日常生活的動作，或是競技動作等，臀大肌都扮演重要的角色。

■腿後肌

位於大腿內側的肌肉，除了彎曲膝蓋，還有連帶臀大肌將腿部往後方擺動的作用。鍛鍊腿後肌能修飾腿部線條。

■小腿三頭肌

（腓腹肌、比目魚肌）
位於小腿肚的肌肉，在伸直腳踝時會用到此肌肉。伸直膝蓋時會用到腓腹肌，彎曲時會用到比目魚肌。

肌力訓練示範頁的圖解說明

以下是本書第1章「姿勢是肌力訓練的一切！坂詰式正確『深蹲』、『伏地挺身』、『捲腹』」與第2章「6種『部位別』自重訓練」所介紹的各肌力訓練項目的圖解說明。各位在閱讀時可參考每項重點，透過教學單元學習正確的姿勢，有效提升肌力訓練的效果。

■增強此處肌肉！

運用簡單明瞭的插圖，讓讀者輕鬆辨識藉由本項肌力訓練所鍛鍊到的肌肉＝作用肌。如果依照本書的教學採取正確的姿勢，就會意識到各訓練項目的作用肌。

■次數、基準

在這個欄位列出肌力訓練適當的次數、組數、休息時間的基準。次數約為6～15次，但各位可以預留再做1～2次的餘力。依照自身的身體狀況或體力，來調整合適的次數、組數、休息時間。

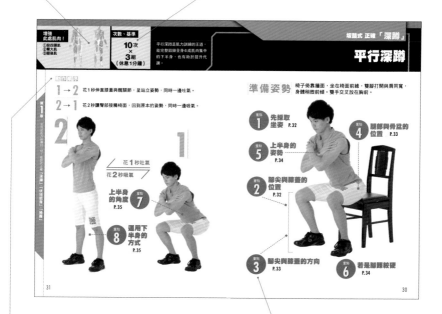

■動作順序

透過照片與文字的解說，讓讀者了解正確的姿勢為何，以及呼吸與動作的速度基準。

■各部位姿勢重點

在各項肌力訓練示範單元中，清楚地標示出有效鍛鍊肌肉的重點。各部位重點標有編號，在下一頁之後會記載各重點的詳細內容。為了採取正確的姿勢來進行肌力訓練，務必詳讀這些重點。

■詳細姿勢重點內容

此頁詳細記載在動作順序頁提到的姿勢重點，透過各種角度的照片，提供淺顯易懂的解說。

■NG

這裡會將實地進行訓練時常見的錯誤動作標記為「NG」。採取不正確的姿勢，不僅無法鍛鍊肌肉，還有可能會因此受傷，請各位特別注意。

■4種強度等級的訓練動作

將各訓練項目的動作細分為等級1到4，介紹4種強度的動作。等級愈高，強度愈高。無論是哪個等級的動作，都跟基本訓練單元所介紹的重點相同，在訓練時不要過於勉強，請依照自身的肌力或身體狀況選擇合適的等級。

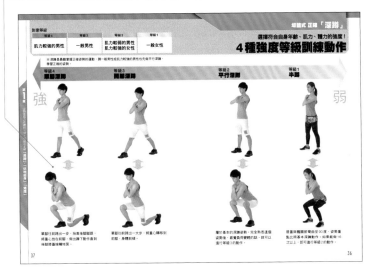

想要讓小腹消失，或練出夢幻的六塊肌身材，捲腹是最佳的運動方式嗎？

很多人為了讓小腹消失，或是練出線條分明的六塊肌身材，每天勤做捲腹。但很遺憾的是，光做捲腹並無法獲得令人滿意的結果。

每個人的腹肌＝腹直肌原本都有線條，腹直肌的中央有一條縱向的「白線」，橫向由「腱劃」之結締組織呈等間隔分割，腹直肌就像是雞蛋盒般被劃分成一塊一塊。有些人的腹直肌沒有線條分割，是因為大量的體脂肪覆蓋在其上，難以辨識腹直肌的層次線條。

體脂肪增加的主要原因，是全身肌肉逐漸衰退，加上基礎代謝降低，因此除了要做腹肌運動，還要透過肌力訓練均勻地鍛鍊全身。若能鍛鍊全身肌肉，提高基礎代謝，堆積於腹部內側的內臟脂肪與外側的皮下脂肪都會減少，自然而然就能塑造出地明顯凹陷的腹部。

第 **1** 章

姿勢是肌力訓練的一切！
坂詰式 正確「深蹲」、
「伏地挺身」、「捲腹」

「深蹲」、「伏地挺身」、「捲腹」，這「三大自重肌力訓練」能完整
鍛鍊下半身、上半身、體幹。若能採正確的姿勢來進行三大訓
練，即可均勻地鍛鍊全身的主要肌肉，產生顯著的成效。

平行深蹲

準|備|姿|勢 椅子倚靠牆面，坐在椅面前緣，雙腳打開與肩同寬，身體稍微前傾。雙手交叉放在胸前。

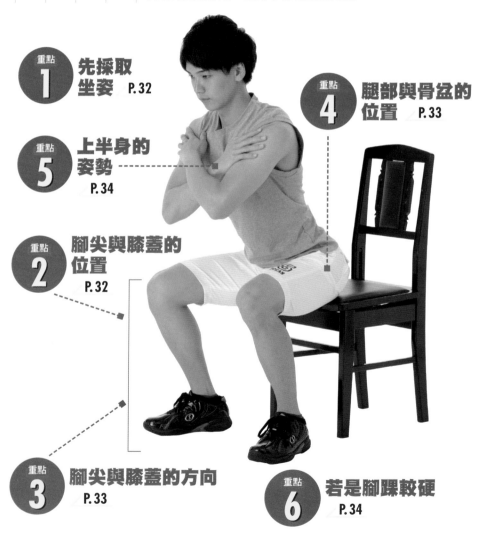

重點 **1** 先採取坐姿 P.32

重點 **5** 上半身的姿勢 P.34

重點 **2** 腳尖與膝蓋的位置 P.32

重點 **4** 腿部與骨盆的位置 P.33

重點 **3** 腳尖與膝蓋的方向 P.33

重點 **6** 若是腳踝較硬 P.34

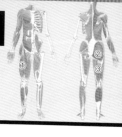

增強
此處肌肉！

①股四頭肌
②臀大肌
③腿後肌

次數、基準

10次
×
3組
（休息1分鐘）

平行深蹲是肌力訓練的王道，
能完整鍛鍊全身6成肌肉集中
的下半身，有助於提升代謝。

動作順序

1 → 2 花1秒伸直膝蓋與髖關節，呈站立姿勢，同時一邊吐氣。

2 → 1 花2秒讓臀部接觸椅面，回到原本的姿勢，同時一邊吸氣。

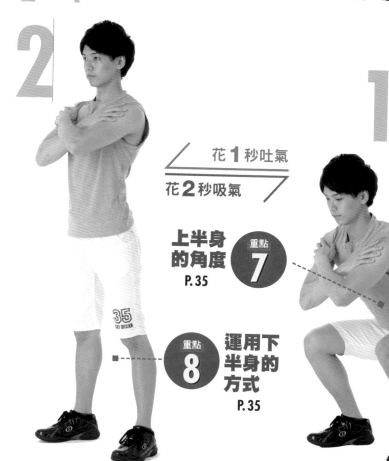

花**1**秒吐氣

花**2**秒吸氣

上半身
的角度
P.35

重點
7

重點
8

運用下
半身的
方式
P.35

第**1**章 姿勢是肌力訓練的一切！友岡式正確「架勢」、「大也活身」、「姿勢」

▼準備姿勢▼

先採取坐姿 重點 1

坐在椅子上調整膝蓋或髖關節的彎曲程度，熟悉這個姿勢後再拿掉椅子，彎曲膝蓋與髖關節，讓大腿前側與地板保持水平。

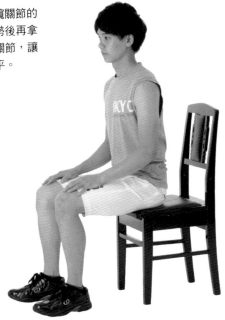

▼準備姿勢▼

腳尖與膝蓋的位置 重點 2

雙腳拉往身體前方，直到膝蓋正下方與腳尖處於同個位置。膝蓋超出幾公分沒有關係，但不能超出10公分以上。

NG

32

腳尖與膝蓋的方向

重點 3

左右腳的膝蓋與腳尖往身體外側張開15度左右，膝蓋張得比腳尖更外側或內側，都會造成膝關節的負擔，是不正確的姿勢。

NG

第1章 姿勢是肌力訓練的一切！坂詰式正確「深蹲」、「伏地挺身」、「捲腹」

腿部與骨盆的位置

重點 4

雙腳張開與肩同寬，以身體軸線（骨盆）為基準，保持左右均等的間距。如果偏向左右的某一側，對於距離較大側的肌肉刺激會變得微弱。

NG

▼準備姿勢▼

上半身的姿勢 　重點 5

挺直背肌，讓頭部到臀部呈一直線，上半身前
傾30度。拱起背部或內凹背部都會造成腰部
的負擔，是不良的姿勢。

NG

30度

▼準備姿勢▼

若是腳踝較硬 　重點 6

如果腳踝較硬，在蹲下的時候身體容易往後倒，要多加注意。這時候可
以在腳跟下面墊2～3公分厚的板子。

34

上半身的角度

重點 **7**

就像是鞠躬行禮，上半身加重前傾，不要站起來。因為是利用重力，施加在下半身肌肉的負荷較弱。

NG

運用下半身的方式

重點 **8**

同時彎曲與伸直膝蓋與髖關節，這樣就能完整地運用下半身的整體肌肉。做動作時不要先彎曲或伸直其中一個部位。

NG

第**1**章 姿勢是肌力訓練的一切！坂詰式正確「深蹲」、「伏地挺身」、「捲腹」

選擇符合自身年齡、肌力、體力的強度！

4種強度等級訓練動作

等級2
平行深蹲

等級1
半蹲

弱

屬於基本的深蹲姿勢。完全熟悉這個姿勢後，感覺負荷變輕的話，就可以進行等級3的動作。

膝蓋與髖關節彎曲至90度，姿勢重點比照基本深蹲動作。如果能做16次以上，即可進行等級2的動作。

等級4	等級3	等級2	等級1
肌力較強的男性	一般男性	肌力較弱的男性 肌力較強的女性	一般女性

※深蹲是最難掌握正確姿勢的運動，請一般男性或肌力較強的男性也先做平行深蹲，學習正確的姿勢。

等級4
單腳深蹲

等級3
開腳深蹲

強

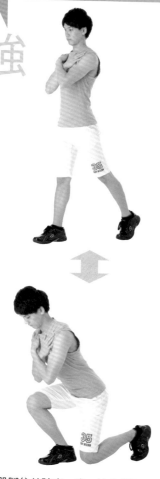

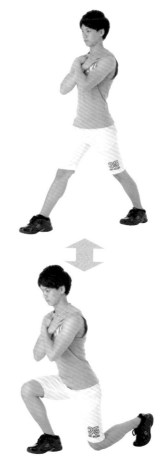

單腳往前跨出一步，抬高後腳腳跟，將重心放在前腳，做出蹲下動作直到後腳膝蓋接觸地面。

單腳往前跨出一大步，將重心轉移到前腳，身體前傾。

俯臥撐

準備姿勢 擺出伏地挺身的姿勢，單膝著地，張開雙手比肩膀寬，伸直手臂。

重點 1 單膝著地，擺出準備姿勢 P.40

重點 2 夾緊肩胛骨，打開胸部 P.40

重點 5 手部的姿勢 P.42

重點 3 手部的間距 P.41

重點 4 手部的位置 P.41

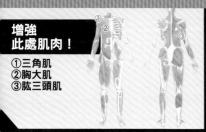

增強此處肌肉！

①三角肌
②胸大肌
③肱三頭肌

次數、基準

10次
×
3組
（休息1分鐘）

伏地挺身是上半身肌力訓練的代表，透過撐起的動作來鍛鍊胸部、肩膀、手臂肌肉，塑造緊實的上半身。

動作順序

1 → 2 花2秒將上半身往下至手肘彎曲90度，同時一邊吸氣。

2 → 1 花1秒伸直手臂，回到原本的姿勢，同時一邊吐氣。

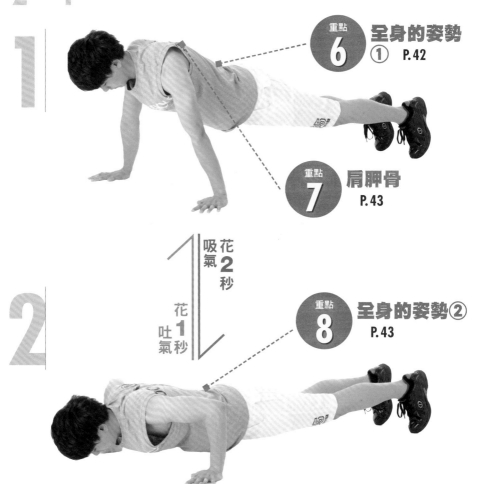

1

重點 **6**
全身的姿勢① P.42

重點 **7**
肩胛骨 P.43

吸氣 花**2**秒

花**1**秒 吐氣

2

重點 **8**
全身的姿勢② P.43

▼準備姿勢▼

單膝著地，擺出準備姿勢

重點 1

除了雙手，還要彎曲單膝讓膝蓋著地，這樣更易於調整手部位置，擺出正確的姿勢。

▼準備姿勢▼

夾緊肩胛骨，打開胸部

重點 2

保持內縮肩胛骨的狀態繼續做動作，抑制帶動肩胛骨的肌肉，僅運用胸部的肌肉，能更有效率地鍛鍊。

手部的間距

張開雙手，雙手的間距約為肩寬的2倍。上半身往下的時候，前臂面對地板呈垂直，這樣就可以不用倚賴手臂的力量，完全運用胸部的肌肉。

手部的位置

要將手部放在肩膀的正下方。上半身往下的時候，如果手部剛好處於胸膛的位置，肩胛骨會難以活動。

NG

▼準備姿勢▼

手部的姿勢

重點 **5**

指尖朝外45度，再擴張指頭的間距。這樣就能減輕上半身往下時對於手腕的負擔，手部也不易滑向外側。

▼1→2▼

全身的姿勢①

重點 **6**

NG

臀部掉下去的話就會用到背部的肌肉，導致胸部的負荷減弱。這種姿勢也是造成腰痛的原因，動作時不能放鬆腰部。

肩胛骨　重點 7

肩膀不要前後移動，盡可能保持內縮肩胛骨的狀態彎曲或伸直手臂，才能充分刺激胸大肌。

NG

全身的姿勢② 　重點 8

NG

在動作的過程中，最重要的是保持頭部到腿部呈一直線。抬起臀部並低頭的話，雖然會加強上側胸大肌的負荷，但對於下側的負荷會變弱。

選擇符合自身年齡、肌力、體力的強度！

4種強度等級訓練動作

等級2
膝蓋著地俯臥撐

等級1
平行俯臥撐

弱

雙膝著地，在腳踝交叉的狀態下進行。頭部到膝蓋要保持一直線。

雙膝著地，上半身與地面保持平行狀態，開始動作。如果能持續做16次以上，代表負荷不足，可以開始做等級2的動作。

44

等級4	等級3	等級2	等級1
肌力較強的男性	一般男性	肌力較弱的男性 肌力較強的女性	一般女性

等級4
斜下俯臥撐

等級3
俯臥撐

強

先將雙腳放在椅面上,充分運用胸部的肌肉,注意避免身體往前撲倒而撞到頭部。

屬於基本的訓練動作。如果難以持續做6次以上,就重回等級2的動作。反之,如果能做16次以上並保有餘力,即可進入等級4的訓練。

撐頭捲腹

準備姿勢
身體仰躺，雙腳放在椅面，雙手支撐頭部。

重點 1 確認動作　P.48

重點 2 腿部的姿勢　P.48

重點 3 腹部的姿勢　P.49

重點 4 手臂的姿勢　P.49

重點 5 手部的姿勢　P.50

**增強
此處肌肉！**

①腹直肌
②腹斜肌

次數、基準

10次
×
3組
（休息1分鐘）

透過撐頭捲腹訓練，同時鍛鍊
體幹前側的腹直肌與腹斜肌，
讓腹部更為緊實。這也是預防
腰痛的重要動作。

動作順序

1 → 2 花1秒拱起背部，同時一邊吐氣。

1 → 1 花2秒回到原本的姿勢，同時一邊吸氣。

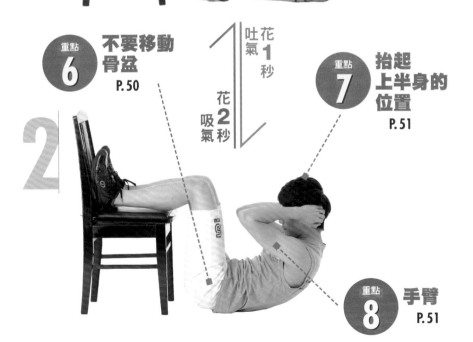

吐氣 花**1**秒

花**2**秒 吸氣

重點 6 不要移動
骨盆
P.50

重點 7 抬起
上半身的
位置
P.51

重點 8 手臂
P.51

▼準備姿勢▼

確認動作

重點 1

在躺下做動作前，先以坐姿狀態來確認姿勢。坐在椅子上，充分伸展腹部後以肚臍為軸心拱起背部，骨盆不能離開椅背。

NG

▼準備姿勢▼

腿部的姿勢

重點 2

雙腳放在椅面，髖關節與膝蓋彎曲90度。如果椅子距離腿部太遠，腰部與地板之間會產生縫隙，容易藉由腰部的反作用力來抬起上半身。

NG

48

腹部的姿勢 重點 3

為了盡量伸展腹肌，重點在於一邊吸氣一邊鼓起胸部，抬高肋骨。

手臂的姿勢 重點 4

雙手放在顳骨的位置，收緊腋下，雙臂保持平行。如果手肘朝外，很容易會借助收起手臂的力量來抬起上半身，這樣是不正確的。

NG

手部的姿勢 重點 5

為了減輕負責支撐頭部重量的頸部前側負擔，要將指尖放在後腦部位，利用手腕來支撐頭部。如果雙手手指交扣放在頭部後方，容易大力彎曲頸部，用指尖來支撐才是最佳的方式。

▼2→1▼

不要移動骨盆 重點 6

如果抬起臀部，身體會借助因重力而往下的力道，讓動作變得輕鬆，導致腹肌的負荷減弱。在做動作時要保持骨盆貼住地面的狀態，彎曲及伸展背部。

NG

抬起上半身的位置

抬起上半身的時候，視線位於大腿上側約1/3的位置，才是正確的。如果發現雙腿離開椅面，代表髖關節開始彎曲，這樣的姿勢不正確。

NG

手臂

讓雙手保持放在顳骨的狀態，不要利用將手臂往前擺動的力道。支撐頭部的雙手離開頭部時，會造成頸部的負擔。

NG

選擇符合自身年齡、肌力、體力的強度！
4種強度等級訓練動作

等級2
雙手交叉捲腹

等級1
支撐捲腹

弱

雙手交叉抱胸。將雙手牢牢固定在胸前，避免用手腕的動作抬起上半身。

使用毛巾支撐頭部。將毛巾放在頭部中央，手肘垂直彎曲，雙手拿著毛巾。當手臂的位置靠近肚臍支點時，負荷會變弱。

等級4	等級3	等級2	等級1
肌力較強的男性	一般男性	肌力較弱的男性 肌力較強的女性	一般女性

等級4
直臂捲腹

等級3
撐頭捲腹

強

雙手往頭頂方向伸直。伸直手肘用雙手夾住頭部，不要改變手臂的角度，彎曲伸展背部。當手臂從支點遠離時，負荷會變強。

屬於基本訓練動作。如果難以用正確的姿勢持續做6次以上，代表負荷太強，要重回等級2的動作。如果能做16次以上，即可進入等級4的訓練。

肌力訓練的效果
不光只有提升肌力

肌力訓練除了能提升肌力與體力、修飾體型，還能為人生帶來各種助益。首先，透過肌力訓練增加肌肉量後，因基礎代謝提高，會轉變成容易燃燒體脂肪的體質。體脂肪隨著年齡增長而大幅增加的原因，其實就在於身體的肌肉逐漸減少。因此，如果想要徹底地減去體脂肪，肌力訓練是不可或缺的。

減去體脂肪，發生代謝症候群或文明病的機率會降低；提高基礎代謝，有助於改善身體虛冷，增加免疫力，且不易得到傳染病，身體復原的速度也比較快。

人到了中高年齡，膝蓋或腰部等關節容易變形，或是出現骨質密度減少等問題，但只要鍛鍊肌肉，即可緩和關節的負擔，肌力訓練也能有效防止骨質密度下降。除此之外，對於改善姿勢、降低長期照護需求等層面，都能發揮極大的效果。

第2章

6種「部位別」自重訓練

本章要介紹6種自重訓練，能補足第1章中的「深蹲」、「伏地挺身」、「捲腹」所無法鍛鍊到的部位。搭配第1章與第2章的訓練項目，就能完整加強鍛鍊全身的主要肌肉。

6種「部位別」自重訓練

來加強「深蹲」、「伏地挺身」、「捲腹」所難以鍛鍊到的肌肉吧！

作為3大訓練項目的延伸，完整地加強鍛鍊全身部位

習慣深蹲、俯臥撐、捲腹這「3大自重訓練」後，就可以開始鍛鍊其他部位了。只要鍛鍊到更多部位的肌肉，不僅體型會更為勻稱，恢復良好的姿勢，還能提高基礎代謝，轉變成難以囤積體脂肪的體質。接下來要介紹6項自重訓練，各部位可參考P20～23的「依照訓練目的與目標體型所訂定的訓練組合範例」，針對自身所必

需的訓練項目，每週各增加1項訓練。即使做完這9項訓練也僅需30分鐘，相信大多數人都能輕鬆實行。

跟3大自重訓練相同，這6項自重訓練的重點還是姿勢。一開始先做6次1組。學會正確的姿勢後，再逐漸增加自重訓練的次數與組數。

2 反向俯臥撐

強化部位 上臂後側（肱三頭肌）

P.64

1 肩上推舉

強化部位 肩膀（三角肌、斜方肌）

P.58

4 單腳舉踵

強化部位 小腿（腓腹肌、
比目魚肌）

P.76

3 單腳提臀

強化部位 臀部（臀大肌）、
大腿內側（腿後肌）

P.70

6 腿部上抬軀幹扭轉

強化部位 腹部（腹斜肌）

P.88

5 背部伸展

強化部位 腰背部（豎脊肌、
多裂肌、腰方肌）

P.82

以肩上推舉
鍛鍊肩膀

準備姿勢 雙手張開呈肩膀的2倍寬,把手放在穩固的桌子邊緣,伸直手臂。單腳放在臀部正下方的位置,另一隻腳往後退半步,抬起臀部挺直背肌。調整好姿勢後,前腳往後,雙腳對齊。

重點
1 懸空調整姿勢　P.60

重點
2 手部的寬度　P.60

增強
此處肌肉！

①三角肌
②斜方肌

次數、基準

10次
×
3組
（休息1分鐘）

鍛鍊肩膀肌肉，塑造出具男人味的肩寬。動作時會用到將肩膀往外側扭轉的力量，肩關節較鬆的人，或是感到肩膀疼痛時，不要做此項訓練。

動作順序

1 → 2 花2秒彎曲雙肘，直到額頭碰到桌子邊緣，同時一邊吸氣。

2 → 1 花1秒伸直雙臂，回到原本的姿勢，同時一邊吐氣。

第**2**章

6種「部位別」自重訓練

吸氣 花**2**秒

花**1**秒 吐氣

重點 **3** 運用肩膀的方法 P.61

重點 **4** 前臂的角度 P.61

59

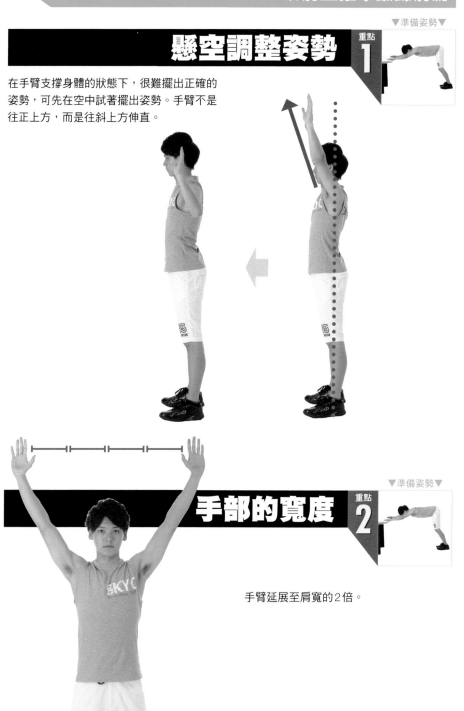

▼準備姿勢▼

懸空調整姿勢
重點 1

在手臂支撐身體的狀態下，很難擺出正確的姿勢，可先在空中試著擺出姿勢。手臂不是往正上方，而是往斜上方伸直。

▼準備姿勢▼

手部的寬度
重點 2

手臂延展至肩寬的2倍。

運用肩膀的方法

▼2→1▼

重點 3

不只是彎曲與伸直手肘，還要活動肩膀。在伸直手臂時大幅度拱肩，彎曲手臂時確實地放下肩膀。

前臂的角度

▼2→1▼

重點 4

在彎曲手肘的時候，如果抬高手肘使肩關節往內側迴轉，會造成肩關節的負擔，也沒有正確地用到肩膀的肌肉。因此，在動作時不能改變相對於地面的前臂角度。

NG

選擇符合自身年齡、肌力、體力的強度！

4種強度等級訓練動作

等級2
垂直肩上推舉

等級1
跪姿肩上推舉

弱

相較於基本的肩上推舉動作，垂直肩上推舉的雙腳更靠近桌子，施加於上半身的負荷較弱。開始做動作前，先將雙腳放在髖關節正下方的位置。

沒有用手撐住桌子，而是以雙膝著地的方式，額頭碰觸放在雙手之間的毛巾。有關於手臂張開的寬度等重點，都是依照基本訓練動作的原則。

等級4	等級3	等級2	等級1
肌力較強的男性	一般男性	肌力較弱的男性 肌力較強的女性	一般女性

等級4
地板肩上推舉

等級3
肩上推舉

強

雙手撐住地面，伸直手臂，先抬起臀部再彎曲手肘。一定要事先在頭部的位置擺放毛巾，避免頭部撞到地面。

屬於基本的訓練動作。如果難以用正確的姿勢持續做6次以上，就重回等級2的動作。反之，如果能輕鬆做16次以上，即可進入等級4的訓練。

以反向俯臥撐鍛鍊上臂背面

準備姿勢

臀部靠著椅子的邊緣，雙手握住椅面側邊，雙腳往前伸，彎曲膝蓋。腳跟著地，腳踝垂直彎曲。

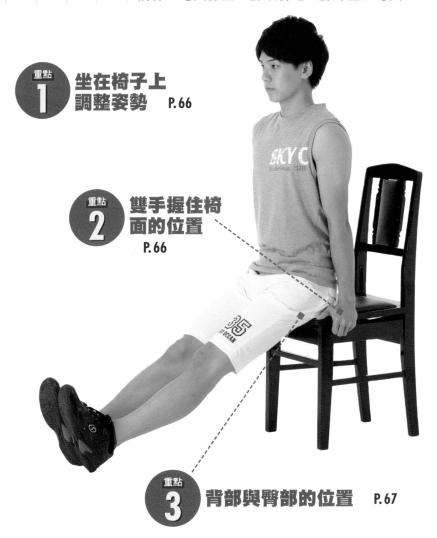

重點
1
坐在椅子上
調整姿勢 P.66

重點
2
雙手握住椅
面的位置
P.66

重點
3
背部與臀部的位置 P.67

增強
此處肌肉！

①肱三頭肌

次數、基準

10 次
×
3 組
（休息1分鐘）

此訓練動作能鍛鍊上臂後側部
位，塑造出具有男人味的健壯
手臂。在做動作時要使用穩固
的椅子，確保安全。

動作順序

1 → 2   手臂與上半身保持挺直狀態，臀部離開椅面，花2秒彎曲手肘讓
上半身往下，同時一邊吸氣。

2 → 1   花1秒伸直手肘，回到原本的姿勢，同時一邊吐氣。

1

重點
4 彎曲手臂的
方式
P. 67

花 **2** 秒
吸氣

花 **1** 秒
吐氣

2

▼準備姿勢▼

坐在椅子上調整姿勢

重點 **1**

在臀部離開椅面的狀態下，由於手臂支撐著體重，難以調整姿勢。坐在椅子上更易於找到正確的姿勢。

▼準備姿勢▼

雙手握住椅面的位置

重點 **2**

NG

雙手握住椅面的側邊，而不是前緣。如果握住前緣，在彎曲手肘的時候手肘會往外張，造成肩關節的負擔，訓練效果也會因此變弱。

▼準備姿勢▼

背部與臀部的位置　重點 3

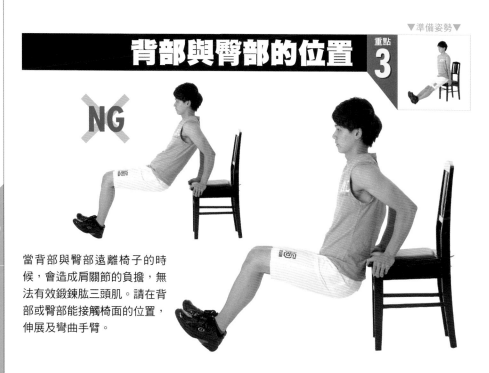

NG

當背部與臀部遠離椅子的時候，會造成肩關節的負擔，無法有效鍛鍊肱三頭肌。請在背部或臀部能接觸椅面的位置，伸展及彎曲手臂。

▼2→1▼

彎曲手臂的方式　重點 4

NG

為了讓身體放得更低而內縮肩膀或拱起背部時，會用到胸部等部位的肌肉，手臂的負荷因而減弱。在做動作時要伸直背肌，保持肩膀下壓的狀態彎曲及伸直手肘。

選擇符合自身年齡、肌力、體力的強度！

4種強度等級訓練動作

等級2
雙膝垂直反向俯臥撐

等級1
近距離反向俯臥撐

弱

採準備姿勢的時候，將雙腳放在雙膝垂直的位置，減輕對於手臂的負荷。在做動作的過程中，所有重點都與基本訓練動作相同。

採準備姿勢的時候，雙腳放在比雙膝更靠身體的位置。由於把身體重心放在腿部，手臂的負荷大幅減弱。在做動作的過程中，腳尖貼地也沒關係。

68

對象等級

等級4	等級3	等級2	等級1
肌力較強的男性	一般男性	肌力較弱的男性 肌力較強的女性	一般女性

等級4
兩椅反向俯臥撐

等級3
反向俯臥撐

強

再找一張穩固的椅子,從腳跟放在椅面的位置開始做動作,也可以使用沙發或床。

屬於基本的訓練動作。如果難以用正確的姿勢輕鬆做6次以上,就重回等級2的動作。反之,如果能輕鬆做16次以上,即可進入等級4的訓練。

以單腳提臀
鍛鍊大腿內側與臀部

準備姿勢 仰躺在地板上，膝蓋彎曲90度。雙臂橫向張開平放，手掌朝向地板。

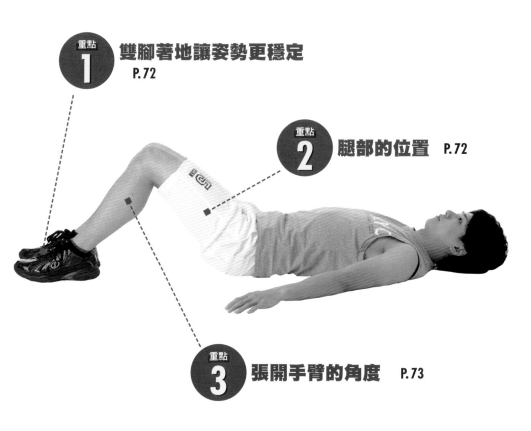

重點 1 雙腳著地讓姿勢更穩定
P.72

重點 2 腿部的位置　P.72

重點 3 張開手臂的角度　P.73

增強此處肌肉！

①臀大肌
②腿後肌

次數、基準

左右 **10**次
×
3組
（休息1分鐘）

透過此訓練鍛鍊臀大肌與腿後肌，這些是運動或日常生活中所不可或缺的重要肌肉。做動作時上半身保持挺直，大幅上下移動臀部。

動作順序

1 → 2 單腳腳踝放在另一腳的膝蓋上，花1秒抬起臀部，同時一邊吐氣。

2 → 1 背肌保持挺直，花2秒回到原本的姿勢，同時一邊吸氣。

1

吐氣 花**1**秒

花**2**秒 吸氣

2

重點 **4**

臀部的位置
P.73

▼準備姿勢▼

雙腳著地讓姿勢更穩定

重點 1

在單腳著地的狀態下，姿勢顯得不穩定，也難以調整膝蓋角度。要在雙腳著地的狀態調整膝蓋的角度。

▼準備姿勢▼

腿部的位置

重點 2

腳尖朝向正下方，再放在雙腳與膝蓋對齊的位置，接著將單腳的腳踝放在另一隻腳的膝蓋上。從下方檢視，可看出大腿及小腿皆與地面保持垂直。

張開手臂的角度

手掌朝下,雙手向外張開45度,整個手臂貼在地面。手掌朝向地面,避免肩膀施力。

45度　　45度

▼2→1▼

臀部的位置

做動作時不要過度抬高臀部而讓腰部彎曲。若不小心用到腰部肌肉,會造成脊椎的負擔。當膝蓋到肩膀呈一直線後就不要繼續抬高臀部。

NG

選擇符合自身年齡、肌力、體力的強度！

4種強度等級訓練動作

等級2
雙腳傾斜提臀

等級1
雙腳提臀

弱

椅子倚靠牆面，雙腳放在椅面上，在膝蓋與髖關節皆為垂直彎曲的狀態下開始做動作。其他的重點與基本訓練動作相同。

採基本訓練的準備姿勢，在雙腳著地的狀態下進行。因負荷分散於雙腳，強度減弱。

對象等級

等級4	等級3	等級2	等級1
肌力較強的男性	一般男性	肌力較弱的男性 肌力較強的女性	一般女性

等級4
單腳傾斜提臀

等級3
單腳提臀

強

椅子倚靠牆面，單腳小腿肚放在椅面上，在膝蓋與髖關節皆為垂直彎曲的狀態下開始做動作。由於這個動作較不穩定，做動作時要保持平衡。

屬於基本的訓練動作。如果難以用正確的姿勢輕鬆做6次以上，就重回等級2的動作。反之，如果能輕鬆做16次以上，即可進入等級4的訓練。

以單腳舉踵
鍛鍊小腿

準備姿勢

椅子倚靠牆壁，雙手放在椅背，伸直手肘。雙腳站在離椅子1步的位置，雙腳併攏對齊。

重點 **2** 姿勢　P.78

重點 **1** 腳尖的方向 P.78

次數、基準

左右 **10**次
×
3組
（休息1分鐘）

此訓練能鍛鍊小腿肚，小腿肚的厚實度僅次於大腿，是運動時不可或缺的部位。在做動作時要上下大幅移動腳跟。

動作順序

1 → 2 將單腳的腳踝靠在另一腳的腳踝，花1秒抬高腳跟，踮起腳尖站立，同時一邊吐氣。

2 → 1 花2秒放下腳跟，同時一邊吸氣。

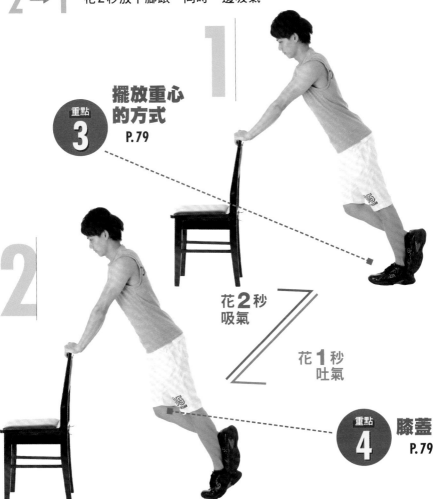

重點 **3** 擺放重心的方式 P.79

花**2**秒吸氣

花**1**秒吐氣

重點 **4** 膝蓋 P.79

▼準備姿勢▼

腳尖的方向 重點 **1**

軸心腳腳尖朝向正面，在腳踝充分伸展的狀態下開始做動作。如果腳尖朝外，不僅無法鍛鍊小腿肚，還會造成膝蓋的負擔。

NG

▼準備姿勢▼

姿勢 重點 **2**

從頭部到腳跟呈一直線，開始做動作。在動作過程中，髖關節稍有彎曲也沒關係，但要保持臀部到頭部的筆直狀態。

78

擺放重心的方式

先將重心放在大拇指上,上下移動腳跟。如果把重心放在小拇指,不僅無法鍛鍊小腿肚,還容易扭傷腳踝。

NG

▼2→1▼

膝蓋

重點 **4**

NG

動作過程中不可彎曲膝蓋。放下腳跟時如果彎曲膝蓋,大腿前側的大腿四頭肌會產生代償動作,導致小腿部位的負荷減弱。

選擇符合自身年齡、肌力、體力的強度！
4種強度等級訓練動作

等級2	等級1
傾斜單腳舉踵	**單腳舉踵**

弱

雙手放在椅面側邊，由於手部的負荷變大，小腿肚的負荷減輕。跟基本訓練動作相同，上半身保持挺直狀態，僅移動腳踝。

採基本訓練動作的姿勢，抬起與放下雙腳腳跟。其他重點與基本訓練動作相同。

對象等級

等級4	等級3	等級2	等級1
肌力較強的男性	一般男性	肌力較弱的男性 肌力較強的女性	一般女性

強

等級4
垂直單腳舉踵

等級3
單腳舉踵

手貼牆面身體挺直站立，將軸心腳的腳尖放在高度5cm左右的台座上。由於身體的全部重量都放在雙腳，增加了負荷。

屬於基本的訓練動作。如果難以輕鬆做6次以上，就重回等級2的動作。反之，如果能輕鬆做16次以上，即可進入等級4的訓練。

以背部伸展鍛鍊腰背部

準備姿勢 淺坐於穩固的椅子上，雙腳微開伸至前方，雙手往頭上伸直交握，挺直背肌。

重點 1 確認動作　P.84

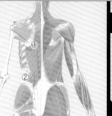

**增強
此處肌肉！**

①豎脊肌
②腰方肌

次數、基準

10次
**×
3**組
（休息1分鐘）

此訓練能鍛鍊腰背部，為了集
中刺激豎脊肌，要注意身體前
屈的角度。

動作順序

1 → 2　維持手臂的姿勢，在伸直背肌的狀態下前傾30度，花2秒收起下
巴並拱起背部，同時一邊吸氣。

2 → 1　接著花1秒伸直背肌，回到原本的姿勢，同時一邊吐氣。

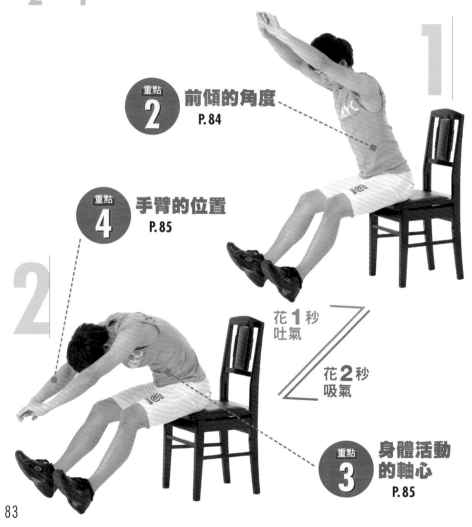

1

重點
2 **前傾的角度**
P.84

重點
4 **手臂的位置**
P.85

2

花**1**秒
吐氣

花**2**秒
吸氣

重點
3 **身體活動
的軸心**
P.85

▼準備姿勢▼

確認動作 重點 1

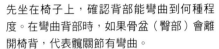

先坐在椅子上,確認背部能彎曲到何種程度。在彎曲背部時,如果骨盆(臀部)會離開椅背,代表髖關節有彎曲。

NG

▼1→2▼

前傾的角度 重點 2

背肌保持伸直,上半身前傾至30度(相對於地面呈60度),這樣能對腰部肌肉施加適當的負荷。

30度

身體活動的軸心

重點 3

▼2→1▼

在彎曲與伸直背部的時候，要以肚臍為活動的軸心。當肚臍以下的部位動作時，會過度運用臀部的肌肉，難以鍛鍊豎脊肌。

手臂的位置

重點 4

▼2→1▼

NG

在動作過程中要讓手臂與上半身保持一定的角度，如果借用揮動手臂的力量，腰部的負荷會減弱。做動作時要讓上臂放在耳朵旁邊的位置。

85

選擇符合自身年齡、肌力、體力的強度！

4種強度等級訓練動作

等級2
雙臂交叉背部伸展

等級1
垂直背部伸展

弱

雙手放在胸前交叉。此動作與其他動作的差異僅在於手臂的姿勢，其他像是以肚臍為軸心來彎曲及伸展背部等重點，都與基本訓練動作相同。

採基本訓練的準備姿勢開始做動作，讓肚臍以下的部位保持垂直，會減輕豎脊肌的負荷。其他重點與基本訓練動作相同。

對象等級

等級4	等級3	等級2	等級1
肌力較強的男性	一般男性	肌力較弱的男性 肌力較強的女性	一般女性

等級4
立姿背部伸展

等級3
背部伸展

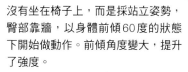

沒有坐在椅子上，而是採站立姿勢，臀部靠牆，以身體前傾60度的狀態下開始做動作。前傾角度變大，提升了強度。

屬於基本的訓練動作。如果難以用正確的姿勢反覆做6次以上，就重回等級2的動作。反之，如果能輕鬆做16次以上，即可進入等級4的訓練。

以腿部上抬軀幹扭轉鍛鍊腹部

準備姿勢 仰躺地上，張開雙臂呈八字形，髖關節彎曲90度，膝蓋彎曲45度。

重點
1 膝蓋的位置
P.90

重點
2 手臂的位置
P.90

次數、基準

10次
×
3組
（休息1分鐘）

做撐頭捲腹（P46）時會優先
使用腹直肌；腿部上抬軀幹扭
轉則是集中鍛鍊腹斜肌。同時
進行，可完整鍛鍊腹肌群。

動作順序

1 → 2 花2秒以肚臍為軸心扭轉腰部，下半身往身體側邊傾斜，同時一邊吸氣。

2 → 1 花1秒回到準備姿勢，繼續往反方向扭轉腰部，同時一邊吐氣。

1

重點 **3** 膝蓋和
腿部的姿勢
P.91

花**1**秒
吐氣

花**2**秒
吸氣

重點 **4** 傾斜角度
P.91

2

▼準備姿勢▼

膝蓋的位置 重點 1

膝蓋位於髖關節的正上方,大腿與地板保持垂直。如果膝蓋的位置過低,會造成腹直肌緊繃。

NG

▼準備姿勢▼

手臂的位置 重點 2

手臂往左右兩側張開45度,這樣在扭轉腰部的時候肩膀就不會離地,能充分運用腹斜肌。扭轉腰部的時候,要在腰部所朝向的手臂處施力。

90

▼ 1 → 2 ▼

膝蓋和腿部的姿勢　重點 3

做動作時要併攏膝蓋，如果腿部或膝蓋其中一處偏離，代表正在扭轉髖關節，而非腰部，這樣會無法鍛鍊到腹斜肌。

NG

▼ 2 → 1 ▼

傾斜角度　重點 4

腿部傾斜的角度為左右各45度，如果傾斜的角度更大，就會不小心用到上半身或髖關節周圍的肌肉。

45度

45度

選擇符合自身年齡、肌力、體力的強度！

4種強度等級訓練動作

等級2
雙膝垂直軀幹扭轉

等級1
屈膝軀幹扭轉

弱

與基本訓練動作的最大差異在於膝蓋的角度。以膝蓋垂直彎曲的方式，減輕腹斜肌的負荷。

採基本訓練的準備姿勢，在完全彎曲膝蓋的狀態下做動作。其他的重點與基本訓練動作相同。

對象等級

等級4	等級3	等級2	等級1
肌力較強的男性	一般男性	肌力較弱的男性 肌力較強的女性	一般女性

等級4
伸膝軀幹扭轉

等級3
腿部上抬軀幹扭轉

先採取基本的訓練姿勢,做動作時盡可能伸直膝蓋。由於負荷變強,張大雙臂才能取得平衡。

屬於基本的訓練動作。如果難以用正確的姿勢做6次以上,就重回等級2的動作。反之,如果能輕鬆做16次以上,即可進入等級4的訓練。

第2章 6種「部位別」自重訓練

關於肌力訓練的誤解和迷思

西方人從古希臘時代開始，就有鍛鍊肌肉的習慣；相較之下，我們的肌力訓練歷史尚淺，在現今的社會中，還是存在許多對於肌力訓練的誤解及偏見。

「做肌力訓練會長不高」是常見的說法之一，這完全是未經考證的迷思。從事肌力訓練能促進生長激素分泌，反而有助於身體的成長。

「做肌力訓練會讓身體變僵硬」也是一般人對於肌力訓練的誤解。只要是從事大幅活動關節的肌力訓練，就不會降低身體的柔軟度；如果同時進行提高肌力的肌力訓練與提高柔軟度的伸展運動，即可確實提升身體的柔軟度。

「鍛鍊出肌肉後活動會變得遲緩」、「透過肌力訓練所鍛鍊的肌肉沒有太大幫助」等說法都是誤解。藉由鍛鍊肌肉可以提升競賽能力，有關於這一點，世界的頂尖運動員就是最佳的例子。

第**3**章

運用啞鈴與彈力帶！
使用訓練器材
徹底強化單點肌肉

透過第1章與第2章所介紹的幾項自重訓練，還是會有難以鍛鍊或難以施加適當負荷的肌肉。我在本章將運用啞鈴與彈力帶，介紹能有效刺激這些部位的訓練。如果想要增強自重訓練的效果，可事先準備啞鈴或彈力帶，進行增強訓練。

使用訓練器材徹底強化單點肌肉

啞鈴 依照俯臥撐的次數選擇啞鈴的重量

（使用啞鈴的基準）

使用的啞鈴重量依個人肌力而異，為了了解自身的肌力等級，先以正確的姿勢進行等級3的俯臥撐（P38），確認能做幾次。接著再參考下表，配合自身肌力等級準備3種啞鈴。

訓練者等級	輕量	中量	重量
初階 （伏地挺身不到10次）	1～2kg	3～4kg	7～8kg
中階 （伏地挺身10～20次）	2～4kg	4～6kg	9～12kg
高階 （伏地挺身20次以上）	4～5kg	7～9kg	14～18kg

彈力帶 就算只有使用1條彈力帶，負荷也會依握持位置而改變

彈力帶的訓練強度會依握持方式而異，強度也會依商品種類而不同，要依據自身的等級來選擇合適的款式。彈力帶的優點為輕便且不占空間，但橡膠材質容易受損，使用時要多留意。

在進行彈力帶肌力訓練的時候，先依照自身的肌力選擇相對應強度的彈力帶，彈力帶的強度依照「紅→綠→藍→黑」的顏色依序提升，女性可選擇紅色或綠色，男性可選擇藍色或黑色。使用同一條彈力帶時，握得較長會降低強度，握得較短則會提升強度，可以握持位置微調負荷。

1 使用器材鍛鍊上側胸大肌

啞鈴

P.98

彈力帶

P.100

2 使用器材鍛鍊上側背部

啞鈴

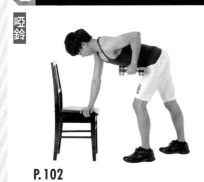

P.102

彈力帶

P.104

3 使用器材鍛鍊三角肌

啞鈴

P.106

彈力帶

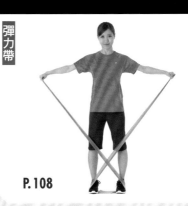

P.108

4 使用器材鍛鍊肱二頭肌

啞鈴

P.110

彈力帶

P.112

啞鈴篇
斜上胸部推舉

準備姿勢

在背部與椅背之間擺放1～2個靠枕，淺坐在椅子前側，雙手拿著啞鈴，把啞鈴放在大腿下側上面。

次數、基準

10次
×
3組
（休息1分鐘）

斜上胸部推舉能鍛鍊到透過俯臥撐所難以刺激的上側胸大肌，塑造厚實的胸膛。

動作順序

1 → 2 背部靠向椅背，用膝蓋的力量抬起啞鈴，把啞鈴舉到肩膀的正上方，花2秒彎曲手肘放下至鎖骨旁的位置，同時一邊吸氣。

2 → 1 接著接著保持挺起胸部，花1秒伸直手臂，將啞鈴舉回原本的位置，同時一邊吐氣。

☑ Point
握持啞鈴時，大拇指朝向內側牢牢地握住啞鈴，啞鈴的位置不要比肩膀更靠內側。

☑ Point
前臂朝內或朝外張的時候，力量會分布在手臂，如果手臂往前或往後傾斜，會造成肩膀的負擔，要隨時保持與地板垂直。

花**2**秒吸氣

花**1**秒吐氣

／ 下一頁進入彈力帶篇

彈力帶篇
斜上胸部推舉

彈力帶的強度 **強**（將彈力帶對折交疊）

準備姿勢

雙腳對齊坐在椅子上，從彈力帶中央對折彈力帶，交疊成兩條。將交疊的彈力帶繞至背部，雙手握住兩端，身體深坐椅子，背部倚靠椅背。雙手抬至胸部的高度，張開肩膀的2倍寬度，調整握持彈力帶的位置，避免彈力帶鬆弛。

100

動作順序

1 → 2 花1秒將雙手伸至額頭的高度，將彈力帶往斜上方拉，同時一邊吐氣。

2 → 1 接著保持挺起胸部，花2秒彎曲手肘，回到原本的位置，同時一邊吸氣。

☑ Point
前臂與身體保持垂直，由於背部倚靠椅背，相對於地面，身體呈現略為斜上的角度。

花**1**秒
吐氣

花**2**秒
吸氣

☑ Point
放下肩膀，保持挺胸，彎曲與伸直彈力帶。如果肩膀的位置偏移，胸部的負荷會減弱。

啞鈴篇
單手划船

啞鈴的基準 **重量**（初階：7～8 kg／中階：9～12 kg／高階：14～18 kg）

準備姿勢

單手握住椅子邊緣，伸直手臂支撐身體。與握住椅子的手同一側的單腳往後，伸直膝蓋；另一隻腳稍微往前，彎曲膝蓋，挺直背肌。另一隻手拿著啞鈴，於肩膀正下方的位置伸直手臂，讓肩膀往下。

增強
此處肌肉！

①肱二頭肌
②後側三角肌
③背闊肌
④斜方肌
⑤菱形肌

次數、基準

左右 **10**次
×
3組
（休息1分鐘）

鍛鍊位於上側背部的大塊背闊肌。要塑造出豪邁的倒三角背部外形，背闊肌是不可或缺的。除了手臂，也要充分活動肩胛骨。

動作順序

1 → 2 花1秒將肩膀拉往後側，彎曲手肘，將啞鈴抬至胸口旁邊的位置，同時一邊吐氣。

2 → 1 花2秒伸直手臂，回到原本的位置，同時一邊吸氣。

✓ **Point**
拿著啞鈴的前臂要與地板保持垂直，如果沒有保持垂直，就會把力量分散到手臂上。

花**2**秒
吸氣

花**1**秒
吐氣

✓ **Point**
拉起啞鈴時如果身體跟著扭轉，背部的負荷會減弱。上半身要保持面向地板，僅移動肩胛骨與手臂，這是這個動作的重點。

／**下一頁進入彈力帶篇**

彈力帶篇
坐姿划船

彈力帶的強度 **強**（將彈力帶對折交疊）

準備姿勢

坐在地板上，握住對折的彈力帶兩端，將彈力帶套在腳心，膝蓋微彎，腳踝垂直彎曲。在伸直手臂且肩膀往前的狀態下，調整握持彈力帶的位置，避免彈力帶鬆弛。

☑ Point
在手肘延伸的位置握住彈力帶。

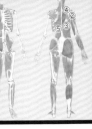

增強
此處肌肉！

① 肱二頭肌
② 後側三角肌
③ 背闊肌
④ 斜方肌
⑤ 菱形肌

次數、基準

10次
×
3組
（休息1分鐘）

手拉彈力帶，藉此鍛鍊背闊肌。因為這個訓練不用抵抗重力，可以採坐姿，以輕鬆的姿勢進行。

動作順序

1 → 2 花1秒挺起胸部，拉動彈力帶，直到雙手來到胸口前方的位置，同時一邊吐氣。

2 → 1 花2秒伸直手臂，回到原本的位置，同時一邊吸氣。

☑ Point
前臂與彈力帶要保持在同一直線上，如果沒有保持一直線，就會把力量分散到手臂。

花**1**秒 吐氣

花**2**秒 吸氣

啞鈴篇
啞鈴側平舉

啞鈴的基準 **輕量**（初階：1～2kg／中階：2～4kg／高階：4～5kg）

準備姿勢

雙腳張開與腰部同寬，膝蓋微彎。手握啞鈴保持平行，雙肘貼在身體旁邊，微彎手肘。

增強 此處肌肉！ ①三角肌	次數、基準 **10**次 × **3**組 （休息1分鐘）	相較於同時鍛鍊斜方肌與三角肌的肩上推舉，側平舉是單點鍛鍊三角肌的訓練。動作時以肩關節為軸心，僅移動手臂。

動作順序

1 → 2 花1秒張開手臂，直到啞鈴到達胸口的高度，同時一邊吐氣。

2 → 1 花2秒放下手臂，回到原本的姿勢，同時一邊吸氣。

第**3**章 運用啞鈴與彈力帶！**使用訓練器材徹底強化單點肌肉**

☑ **Point**
手持啞鈴的時候，啞鈴要保持與地板平行。若啞鈴傾斜，會造成肩關節的負擔。

1

花**2**秒
吸氣

花**1**秒
吐氣

2

☑ **Point**
雙臂張開約70度，如果張開的角度更大，就會用到斜方肌，三角肌的負荷會減弱。

彈力帶篇
彈力帶側平舉

彈力帶的強度 **弱**（使用單條彈力帶）

準備姿勢

雙腳踩住放在地面的彈力帶中央部位，張開雙腳與腰同寬，將彈力帶交叉用雙手握持，避免彈力帶鬆弛。手肘與膝蓋微彎，伸直背肌。

動作順序

1 → 2 花1秒以肩膀為軸心，將彈力帶拉到胸部的高度，同時一邊吐氣。

2 → 1 花2秒放下手臂，回到原本的姿勢，同時一邊吸氣。

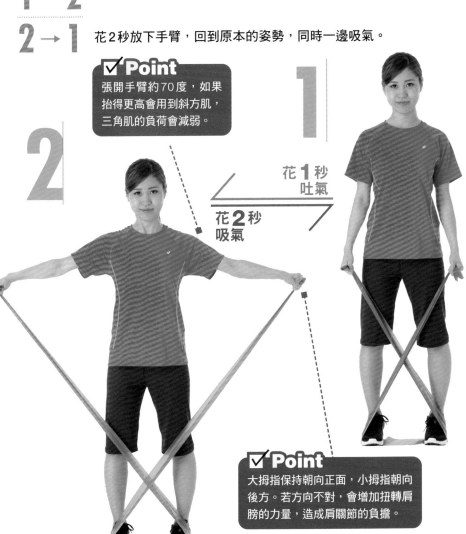

☑ **Point**
張開手臂約70度，如果抬得更高會用到斜方肌，三角肌的負荷會減弱。

花 **1** 秒 吐氣

花 **2** 秒 吸氣

☑ **Point**
大拇指保持朝向正面，小拇指朝向後方。若方向不對，會增加扭轉肩膀的力量，造成肩關節的負擔。

第**3**章｜運用啞鈴與彈力帶！使用訓練器材徹底強化單點肌肉

啞鈴篇
二頭肌彎舉

啞鈴的基準	**中量**（初階：3～4 kg／中階：4～6 kg／高階：7～9 kg）

準備姿勢

雙腳張開與腰同寬，膝蓋微彎。手掌朝向正面握持啞鈴。伸直手肘，手臂放在身體前方一點的位置，收緊腋下。

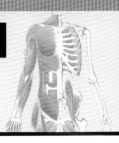

<table>
<tr><td>

**增強
此處肌肉！**

①肱二頭肌

</td><td>

次數、基準

10次
×
3組
（休息1分鐘）

</td><td>

能單點鍛鍊透過自重訓練所難以鍛鍊的上臂前側肱二頭肌，為了塑造出散發男人味的手臂，這是不可或缺的訓練。

</td></tr>
</table>

動作順序

1 → 2 　花1秒彎曲手臂，並且保持手肘的位置固定，舉起啞鈴，同時一邊吐氣。

2 → 1 　花2秒伸直手臂，回到原本的姿勢，同時一邊吸氣。

花**1**秒
吐氣

花**2**秒
吸氣

☑ Point

收緊腋下，舉起與放下啞鈴時不要移動手肘的位置。如果移動手肘，肱二頭肌的刺激會減弱。

☑ Point

在動作過程中，手肘以外的上半身跟下半身都不能移動。在彎曲或伸直膝蓋，或是擺動上半身的狀態下，雖然可以輕鬆舉起啞鈴，但無法有效鍛鍊肱二頭肌。

彈力帶篇
二頭肌彎舉

彈力帶的強度 **弱**（使用單條彈力帶）

準備姿勢

雙腳張開與腰同寬，踩住彈力帶的
中央部位，手掌朝內握住彈力帶。
伸直手肘並放在稍微靠身體前方的
位置，收緊腋下。調整握住彈力帶
的位置，避免彈力帶鬆弛。

次數、基準

10次
×
3組
（休息1分鐘）

使用彈力帶鍛鍊位於上臂前側
的肱二頭肌。動作與握持啞鈴
時不同，彎曲與伸直手肘時，
手掌要保持朝向內側。

動作順序

1 → 2 花1秒彎曲手臂，並且保持手肘的位置固定，拉起彈力帶，同時
一邊吐氣。

2 → 1 花2秒伸直手臂，回到原本的姿勢，同時一邊吸氣。

花**1**秒
吐氣

花**2**秒
吸氣

☑ **Point**
收緊腋下，保持手肘的
位置固定，拉起彈力
帶。如果手肘的位置偏
移，肱二頭肌的刺激會
變弱。

☑ **Point**
在動作過程中，手肘以外的上半身跟下半身都不能
移動。當膝蓋以外的部位移動時，雖然可以輕鬆拉
動彈力帶，但無法有效鍛鍊肱二頭肌。

意想不到！
原來運動員鍛鍊肌肉較不容易

鍛鍊肌肉的容易性，取決於蛋白質的消化吸收能力、同化性荷爾蒙的分泌量等，先天遺傳的差異多少會產生影響，但後天的影響更大，也就是運動、營養，以及休息。

現今的美國人看起來都是肌肉發達的體型，但在30年或40年前的電影裡，這些西方人的體型其實跟我們沒有太大差別。

如同我在本書提到的，為了將肌力訓練的效果發揮至極限，姿勢是最重要的；令人意外地，運動員往往不擅長擺出正確的肌力訓練姿勢。

他們平日所做的訓練，是運用全身各種肌肉，利用各種物理法則或生理學的反射，合理性地驅動身體。因此，運動員在做肌力訓練的時候，難以鍛鍊主動肌。當然，即使身為運動員，只要在做肌力訓練時採取正確的姿勢，肌肉量就會有飛躍性的提升。

第**4**章

在肌力訓練「前後」做伸展運動，進一步提升效果！

在進行肌力訓練之前做伸展運動，以站立的狀態下伸展複數肌肉，能讓身體從靜態模式轉換成運動模式，更易於發揮肌力。在肌力訓練之後做伸展運動，採輕鬆的姿勢慢慢地逐一伸展每一處肌肉，能放鬆身心，有助於恢復疲勞。

深蹲&軀幹扭轉
伸展肩膀、胸部、側腹、大腿內側

採相撲的踏四股姿勢，左右扭轉上半身，同時伸展三角肌、胸大肌、腹斜肌、髖關節內旋肌群。

| 左右5～10秒 × 1～2組 | 次數、基準 |

1 雙腳張開為肩膀的2倍寬，腳尖呈斜向45度。伸直手臂，雙手放在膝蓋上，彎曲膝蓋直到大腿與地面呈水平，放下腰部，維持5秒。

2 維持下半身的姿勢，保持挺直背肌的狀態，一邊大幅度扭轉上半身，下壓肩膀，靜止5秒。

3 伸直膝蓋，讓上半身回到原本的位置後，再次放下腰部，上半身往反方向扭轉，同樣靜止5秒。

深蹲&軀幹扭轉
伸展肩膀、側腹、髖關節

一邊將手臂往側邊拉，一邊大幅度扭轉全身，廣泛地伸展三角肌、腹斜肌、位於臀部深處的髖關節外旋肌群。

左右**5～10**秒
×
1～2組

次數、基準

1 雙腳張開比肩膀寬，將單手手臂抬至肩膀的高度，用另一隻手壓住手肘，將手臂拉至身前，維持5秒。

2 保持手臂的姿勢，大幅度扭轉身體，視線朝向旁邊，靜止5秒。保持前腳位置固定，抬起後腳腳跟，往內側扭轉。

3 回到原本的姿勢後，替換左右手臂，維持5秒。接著將身體往另一側大幅度扭轉，維持5秒。

側彎
伸展手臂、側腹、背部、臀部

採雙腳大幅張開的姿勢，在拉伸腿部的同時上半身側彎，伸展肱三頭肌、背闊肌、腹斜肌、臀部側邊的臀中肌。

| 左右5～10秒 × 1～2組 | 次數、基準 |

準備姿勢

雙腳張開為肩膀的2倍寬，腳尖斜向呈45度，雙手在頭部後方交握，張開手肘。

1 利用單手手臂的重量將另一隻手臂往頭部拉，靜止5秒。

2 保持手臂的姿勢，彎曲抬起手肘同側的膝蓋，上半身往伸直的腿部側彎。此動作維持5秒，接著朝另一側做相同的動作。

118

彎腰
伸展肩膀、胸部、手臂、臀部、大腿

廣泛地伸展三角肌、胸大肌、肱二頭肌、臀大肌、腿後肌。在做動作時要小心，避免重心不穩往前跌倒。

次數、基準　5秒+5秒×1～2組

準備姿勢 雙腳張開與腰部同寬，在臀部後方交握。

1 將肩膀往後方拉，一邊挺起胸部，一邊伸直手肘抬起手臂，靜止5秒。

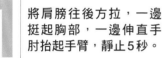

2 暫時放鬆力道，回到準備姿勢，再次抬起手臂。上半身擺出游泳的前屈準備姿勢，維持5秒。膝蓋微彎。

拉臂
伸展三角肌

由於肩上推舉訓練會用到三角肌，拉臂可伸展三角肌，消除疲勞。由下至上抬起手臂的動作，能充分伸展三角肌。

次數、基準
左右**10～20**秒
×
1～3組

1 採盤腿坐姿，伸直背肌，單手手臂斜向朝另一側膝蓋放下，用另一隻手從下方支撐手肘。此時伸展手臂的手掌朝上。

2 伸展的手臂不要離開身體，由下往上抬起手臂，確認肩膀能舒適伸展的位置，靜止動作10秒。不要扭轉上半身。

120

斜向手臂伸展
伸展背闊肌

單手划船訓練會用到主動肌與背闊肌，此舒緩運動能伸展這些部位。動作重點在於上半身微傾，手臂往斜上方伸展。

左右 **10～20**秒
×
1～3組

次數、基準

1 單手抬到頭上的位置，彎曲手肘，用另一隻手握住手腕。

2 將手臂往斜上方延伸，直到手臂稍微遮住臉部的位置，上半身往同方向微傾，確認背部能舒適伸展的位置，靜止10秒。肚臍以下的部位不要移動。

頸後手臂伸展
伸展肱三頭肌

做完反向俯臥撐等訓練後，如果上臂內側疲勞，可以做這項緩和
伸展運動。在抬高手臂時要確實地彎曲手肘。

左右 **10～20**秒
×
1～3組

次數、基準

1 抬高單手手臂，確實地彎曲手肘，
讓指頭接觸肩膀。

2 收下巴，用另一隻手將手肘拉往內
側，確認肱三頭肌能舒適伸展的位
置，靜止10秒。指頭不要離開肩膀，
確實地彎曲手肘。

臀部平移
伸展肱二頭肌

伸展做二頭肌彎舉時所用到的肱二頭肌，要在感到舒適的範圍內伸展手臂，避免肩關節或肘關節受傷。

次數、基準

10～20秒 × 1～3組

第 **4** 章 在肌力訓練「前後」做伸展運動，進一步提升效果！

1 雙腳對齊，採伸腿坐姿，雙手張開與肩膀同寬，放在身體後方，挺直背筋。指頭朝向後方。

2 彎曲雙膝並將臀部滑至前方，確認肱二頭肌能舒適伸展的位置，靜止10秒。保持手肘伸直，不要拱起背部。

跨欄式伸展
伸展股四頭肌

此伸展運動能緩和深蹲訓練後股四頭肌產生的疲勞。動作重點是上半身要朝向伸展腿部肌肉的另一側傾斜。

左右 **10～20** 秒
×
1～3 組

次數、基準

1
採伸腿坐姿，將雙手放在身體的後方，彎曲單腳膝蓋直到腳跟碰觸臀部，用同一側的單手抓住腳掌。腳踝伸直。

2
上半身往彎曲膝蓋的另一側扭轉並傾倒，確認股四頭肌能舒適伸展的位置，靜止10秒。當彎曲的膝蓋遠離伸直的膝蓋時，會充分伸展大腿前側。

單腳盤坐&伸展
伸展腿後肌

伸展做深蹲時所用到的大腿內側，舒緩疲勞。動作重點為伸直腳踝，膝蓋微彎。

次數、基準	左右10～20秒 × 1～3組

1 採伸腿坐姿，將單腳腳踝放在另一側膝蓋的下方，膝蓋微彎，伸直腳踝。雙手放在伸直的大腿上。

2 背肌保持挺直，用雙手拉伸直的小腿，身體同時前屈，確認大腿內側能舒適伸展的位置，靜止10秒。雙手握住小腿的位置可依身體柔軟度改變。

腿部半跨坐伸展
伸展豎脊肌

除了背部伸展運動之外，為了保持肌力訓練的姿勢，腰部的豎脊肌也容易累積疲勞，可透過此伸展運動來舒緩。

10～20秒 × 1～3組

次數、基準

1 採伸腿坐姿，膝蓋微彎向外張，稍微張開雙腳。將雙手放在膝蓋下方，挺直背肌。

2 用雙手一邊拉小腿，後傾骨盆拱起背部，確認腰部肌肉能舒適伸展的位置，靜止10秒。看著肚臍，將腹部拉往後方。

三角伸展
伸展小腿三頭肌

伸展舉踵的主動肌,也就是小腿三頭肌。伸展重點是腳尖朝向正面,利用體重彎曲與伸展腳踝。

第4章 在肌力訓練「前後」做伸展運動,進一步提升效果!

1 單膝著地,臀部靠在腳跟上,弓起另一腳的膝蓋,雙手放在膝蓋上。

2 保持挺直背肌的狀態,身體前傾,將體重放在弓起的膝蓋上,確認小腿肚能舒適伸展的位置,靜止10秒。做伸展動作時腳尖朝向正面,不要抬起腳跟。

肩膀靠地伸展
伸展胸大肌

此伸展運動能緩和做俯臥撐後,胸大肌與三角肌前側的緊繃狀態。利用體重高效率伸展胸大肌。

左右10～20秒 × 1～3組	次數、基準

1 採匍匐姿勢,膝蓋微張,位於髖關節的正下方。雙手放在比肩膀稍微前方的位置,張開為肩膀的2倍寬。

2 保持伸直手肘,扭轉上半身讓另一側肩膀靠近地板,確認胸部能舒適伸展的位置,靜止10秒。另一側手肘自然彎曲。

128

半眼鏡蛇式伸展
伸展腹直肌

深展在做撐頭捲腹時所用到的腹直肌，透過腹部的伸展，矯正駝背姿勢。

第**4**章 在肌力訓練「前後」做伸展運動，進一步提升效果！

1 先採伏地姿勢，挺直全身，雙手張開與肩同寬，放在臉部的旁邊。

2 伸直手肘，上半身彎曲，確認腹部能舒適伸展的位置，靜止10秒。如果覺得輕鬆，可以將雙手往身前拉，但骨盆不能離開地面。

抱膝式伸展
伸展臀大肌

緩和做提臀訓練時所用到的臀大肌。由於臀部僵硬會造成腰部的負擔，此緩和伸展運動能有效預防腰痛。

左右10～20秒 × 1～3組	次數、基準

1 身體仰躺，單腳膝蓋完全彎曲，雙手手臂伸直放在身體旁邊。

2 抬起彎曲的膝蓋，用雙手抱住小腿拉往身前，確認臀部能舒適伸展的位置，靜止10秒。骨盆不能離開地面。

軸心伸展
伸展全身

集中力量並大幅度伸展,緩和全身肌肉的緊繃。保持此姿勢仰躺一段時間,讓身心獲得放鬆。

10～20秒
×
1～3組

次數、基準

第**4**章　在肌力訓練「前後」做伸展運動,進一步提升效果!

1 身體仰躺並打直,將雙手放在腹部,雙腳對齊。

2 將雙手放在頭上,擺出大幅伸懶腰的姿勢,靜止10秒後一鼓作氣地放鬆全身力量,閉上眼睛,進行緩和的呼吸。

以 正確的「姿勢」 打造結實的體型

「肌肉量」與「體脂肪量」是決定體型的主要因素，但體型還會受到其他因素所影響，也就是「姿勢」。即使透過肌力訓練塑造出結實的體型，但若是以突出小腹的姿勢站立，突出的腹部還是會十分顯眼。反之，光是調整體態，擺出正確的姿勢，就能展現迷人而結實的體型。

要改善姿勢，最重要的是透過伸展運動來緩和因不良姿勢而變得緊繃的肌肉。例如有駝背習慣的人，代表胸部或腹部肌肉萎縮；有O形腿的人則是臀部或大腿側邊的肌肉變得僵硬所致。為了讓肌肉恢復柔軟性，每天要盡可能做數次伸展運動。本書的第4章介紹了各種伸展運動，各位不妨針對不擅長的項目做重點訓練。

要養成以客觀的角度檢視自己的姿勢，並加以修正的習慣，這點十分重要。站在鏡子前面檢視自己的姿勢，將正確的姿勢輸入腦海中，不久之後即使沒有特別留意，背肌也會自然而然地挺直。

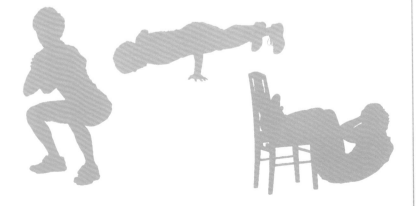

第**5**章

肌力訓練的知識&方法

要增加肌肉量，除了進行正確的肌力訓練，還要補充幫助長出肌肉的營養，並安排肌肉的恢復時間，也就是充足的休息。本章的重點為介紹提高肌力訓練效果的營養，以及休息的「方法」，並針對與肌力訓練相關的各種疑問，提供正確的解答。

營養篇

要提升肌肉量，除了充分攝取能幫助肌肉生長的營養（例如多加攝取蛋白質）以外，還要抑制肌肉的分解。一起來學習「增加不減少」的飲食方法並加以實踐吧！

☑三餐要規律

如果持續空腹狀態，肌肉會被分解，成為身體所消耗的能量。每天一定要吃早餐，並盡量減少晚上的進食量。可以在傍晚吃少許能補充營養的食物，以抑制肌肉的分解。

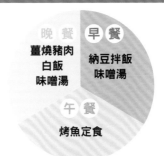

晚餐
薑燒豬肉
白飯
味噌湯

早餐
納豆拌飯
味噌湯

午餐
烤魚定食

☑別忘記攝取蛋白質

蛋白質是幫助肌肉生長的材料，由於無法一次大量消化與吸收，可以分配於每餐攝取。早、中、晚的主菜為肉類或魚類料理，如果將大豆或豆類製品當作主菜，由於蛋白質量較少，可以再搭配雞蛋料理或牛奶等乳製品。

魚類　肉類　納豆
牛奶　雞蛋
不足時
＋ 蛋白質補充品

☑抑制血糖值急遽上升或下降

甜食或酒類會讓血糖值急遽上升，導致體脂肪增加，當血糖值下降後，肌肉會開始分解。因此，要少吃甜食或飲酒。如果要補充不足的營養，可以吃鮭魚飯糰、起司魚腸、魚肉香腸等食物。

飯前大量飲酒　　空腹時吃甜食

體型別 飲食重點

這裡依照BMI（肥胖程度）、腰圍、身高比分為3種體型，各自搭配合適的飲食。
【BMI＝體重kg÷（身高m）²】
【腰圍身高比＝腰圍cm÷身高cm】

■ 標準體型要「增加蛋白質攝取量」

「BMI未滿25、腰圍身高比未滿0.46」的標準體型，只要改變飲食內容即可，而不是飲食量。稍微減少以醣類為主的主食，大量攝取含有豐富蛋白質的主菜。如果無法增加主菜量，可攝取高蛋白粉來補足。

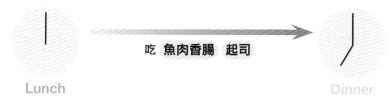

吃 魚肉香腸 起司

Lunch　　　　　　　　　　Dinner

■ 微胖體型要「稍微減少飲食量」

「BMI未滿25、腰圍身高比超過0.46」的微胖體型，須要減少1～2成（300～500kcal）的飲食量。只要每餐將大碗公的飯量減為一般的飯量即可達成目標，當然也要充分攝取主菜。

如果是
便利商店的食物……　　**NG** 2個飯糰　　**OK** 1個飯糰
＋ 炸雞

■ 肥胖體型要「將糖類、油脂、酒類減半」

「BMI超過25、腰圍身高比超過0.46」的肥胖體型，代表攝取過量的三餐、零食、含糖飲料、油脂、酒類，或是攝取過量的一種或複數的主食。為了避免造成壓力，可以將攝取過量的食物分量減半。

不可以同時吃2種主食

飯糰　　　　　拉麵

烏龍麵　　　　炒飯

休息篇① 睡眠

要消除疲勞，睡眠是最重要的休息方式。在睡眠期間，肌肉、腦部、內臟等部位的活動力會降低，以促進細胞修復或成長。為了在進行肌力訓練時發揮充足的力量，並有效鍛鍊肌肉，每天都要有良好的睡眠品質。

☑快速與非快速動眼睡眠 以1小時30分×5組為理想狀態

在睡眠的期間，會重複深眠的非快速動眼睡眠與淺眠的快速動眼睡眠，這2種睡眠狀態為1組，大約持續1個半小時的時間。提到理想的睡眠時間，如果僅是要讓腦部獲得休息，大約需要4組（6小時）的快速動眼與非快速動眼睡眠時間；若是想要消除因肌力訓練所累積的疲勞，則需要5組（7個半小時）的快速動眼與非快速動眼睡眠時間。

非快速
動眼睡眠
＋
快速
動眼睡眠
（1個半小時）

×5組

☑訂定一個規律的睡眠時程

睡眠的品質（睡眠的深淺）與量（時間）同等重要，睡眠的品質愈高，愈能促進消除身心疲勞與增加肌肉量。為了提高睡眠品質，重點在於每天保持固定時間就寢與起床。若是假日睡懶覺或午睡時間超過30分鐘，會影響到夜晚的入睡品質，要掌握適度的睡眠時間。

（星期一）　23：00～6：30 ☀
～
（星期日）　23：00～6：30 ☀

保持規律的睡眠與起床時間

☑睡前2小時要切換成「睡眠模式」

為了獲得高品質的睡眠，睡前1～2小時可以調暗房間燈光亮度，減少對於腦部的刺激。避免從事肌力訓練、玩遊戲等讓身心感到興奮的活動，或是喝含有咖啡因的咖啡或紅茶。睡前1～2小時可以讀書、做伸展運動、喝熱牛奶。

從睡前2小時開啟切換成「關機模式」

伸展運動　　讀書

喝熱牛奶

休息篇②泡澡

泡澡是具有效果的自發性休息法,藉由浮力讓肌肉從重力中解放,透過水壓促進血液循環,舒緩疲勞。溫暖的水溫能讓疲累的身心獲得完全的放鬆。

☑ 38～39℃是理想的水溫

為了舒緩身心壓力,並提高消除疲勞的效果,比體溫略高的38～39℃溫水,是泡澡的理想水溫。水溫依個人喜好會有增減,但要控制在不會過熱或過冷的範圍。

○ 38～39℃
能溫暖體內

✕ 40～41℃
僅溫暖身體表面

☑ 泡全身浴以舒緩肌肉

為了完全消除進行肌力訓練後肌肉所產生的疲勞,可以泡個全身浴,讓肩膀也泡進溫水中。當全身肌肉受接受浮力後,就能舒緩緊繃的肌肉,如果再做伸展運動或自主按摩,效果會加倍。

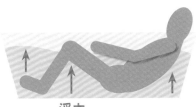

浮力

血壓偏高或高齡者可以改泡半身浴

全身浴雖然可以舒緩緊繃的肌肉,但由於水壓變大,對於心臟或肺部等臟器會造成負擔。血壓較高等對於健康有疑慮的族群或高齡者,可改泡溫水高度在腹部的半身浴。

Q1

「超回復」是什麼意思？

A 肌肉從原本的狀態，
回復到超越原本能力的水平

在進行肌力訓練後，由於肌肉累積疲勞，能發揮的肌力降低，但過了幾天的時間，肌力能回復到比之前更高水平的狀態，這就是「超回復（現象）」。超回復與讓肌力回到原本狀態的「恢復」不同，當肌肉受到強烈的刺激後，為了避免下次接受同樣的刺激後產生疲勞，會自行提升能力。

至於超回復的時間，在做一般的肌力訓練後，大約需要48小時；如果給予肌肉強烈刺激的話，則需要72小時的時間。這是依據「間隔1～2天做肌力訓練，每週做2～3天」的原則。

如果沒有耐心等待超回復的時間，頻繁地進行肌力訓練，不久之後就會累積疲勞，甚至發炎或受傷，反而導致肌肉萎縮。經過超回復，肌肉能逐漸恢復到原本的水平，若以每週1次的頻率進行肌力訓練，就能維持肌肉量與肌力。

Q2

何時才能看到肌力訓練的效果?

A 肌力會馬上提升,
肌肥大則要**1**個月後

　　肌肉纖維就像是人類的毛髮,肌肉是由數千至數萬條的肌肉纖維所組成,透過肌力訓練讓一根根的肌肉纖維變粗後,整體肌肉的尺寸也會變大。然而,開始進行肌力訓練後,最快也要過4個禮拜的時間,肌肉的外觀才會有顯著變化。

　　開始進行肌力訓練後,短短1到2禮拜的時間,即使以同樣的次數做相同的訓練項目,會感到輕鬆許多,但這不是肌肥大的結果,而是學會了正確的訓練姿勢,或是在動作過程中主動肌另一側的肌肉(拮抗肌)變得鬆弛,以及動作過程中收縮的肌肉纖維數量增加。

　　簡單來說,這是腦部與神經系統為了高明運用肌肉所學習的結果。至於肌力訓練的效果,快則4個禮拜,慢的話大約要8個禮拜後才能顯現。之後,肌肉開始發揮強大的力量,促使肌肥大,在進行肌力訓練的期間,每天都會有一點一滴的成長。

Q3

如何提高負荷？

A 如果能做16次以上，即可升級

　　首先依照年齡或體力，從4種強度等級教學頁中選擇合適等級的訓練後，以正確的姿勢試著做6次1組動作。如果只能做5次以下就降低等級，能持續做16次以上就能提高等級，選擇初期階段的訓練等級。第一天僅做1組訓練，第2次的時候做2組，從第3次開始做3組。

　　在一開始進行肌力訓練的階段，會因神經適應性而較容易提升肌力，可依照神經適應性逐漸增加次數，如果能持續做16次以上，即可提高1級的訓練等級。不過，在提高等級後，要先減少次數，從做6次開始進行。

　　男性為等級4、女性為等級2，如果能輕鬆做10次×3組的訓練，應當能鍛鍊出一定的肌肉。當體型到達自身的標準或喜好後，可保持負荷、次數、組數，將訓練頻率減為每週一次，以維持體型。

Q4 感到肌肉痠痛時應該休息嗎？

A 可針對沒有肌肉痠痛的部位進行肌力訓練

「沒有產生肌肉痠痛，代表肌力訓練沒有效果。」這是常見的誤解。產生肌肉痠痛是代表肌力訓練過度。

做肌力訓練時保持正確的姿勢與動作速度，並保留「之後還能再做1～2次」的餘力，便不易產生肌肉痠痛，肌肉也會更為結實。

當身體尚未適應肌力訓練的「動態」時，也容易發生肌肉痠痛，這是因為肌肉尚未記住要在哪個時機發揮何種程度的力量，而產生肌肉痠痛的現象。在剛開始進行肌力訓練的階段，或是嘗試新的訓練項目時，要減輕負荷或減少次數，將重點放在學習正確的姿勢，以預防肌肉痠痛。

肌力訓練的休息間隔為1～2天，如果還是感覺肌肉痠痛，就要讓痠痛的部位再休息1～2天。在這段期間，可採正常的頻率來鍛鍊肌肉沒有痠痛的部位。

A **要避開**就寢前、起床後、飯後的時段

有別於複雜動作的運動或需要大量能量的有氧運動，肌力訓練是以個別部位來活動身體，不太會受到時段的限制。

要避免做肌力訓練的時段包括肌力最低的起床後、需要放鬆身心的就寢前、以腸胃消化為優先的飯後時段。除了以上的時段，不妨依照工作狀況或心情，選擇喜好的時段來進行肌力訓練。

A 一開始僅做伸展運動並觀察身體狀態

要消除日常生活中所累積的疲勞，比起靜態的「消極性休息」，稍微活動身體的「積極性休息」更有效。

在感到疲憊的日子，可以只做暖身伸展運動，當身心感到放鬆後，再做單項1組肌力訓練。如果覺得身體狀態良好，就繼續做下個項目，以這樣的方式試著慢慢增加訓練項目吧。

142

Q7 女性訓練時要注意哪些事？

A **選擇**符合自己體能的負荷，依據**月經週期**進行肌力訓練

女性的肌力比男性弱，體脂肪較多，如果沒有以較弱的負荷進行肌力訓練，不僅無法達到訓練效果，也容易受傷。女性讀者可選擇本書列出的女性等級對象之訓練項目進行訓練。

此外，在月經前的黃體期，身心容易感到不適，要減少肌力訓練的頻率或次數，或是只做伸展運動，等到月經結束的卵泡期，再進行完整的肌力訓練。

Q8 做肌力訓練時可以搭配跑步嗎？

A **如果要跑步**，不要跟肌力訓練放在同一天

跑步能減去更多體脂肪，促進身體健康，但由於對於身心的負擔較大，如果是以肌肥大為目標，建議先塑造出理想的體型後再開始跑步。然而，跑步會消耗大量的能量，產生疲勞，因此要選在不同天進行，如果必須在同一天進行這兩種運動，要先做肌力訓練。

坂詰式正確肌力訓練教科書

編　集	株式會社ライブ
	齊藤秀夫
構　成	三谷 悠
文　字	田中瑠子／三谷 悠
插　畫	株式會社BACKBONE WORKS
照　片	魚住貴弘
版　型	伊藤力也／松山有華
內頁設計	寒水久美子
攝影協助	メンズファッション SKY OCEAN
	スポルディング・ジャパン株式會社
	株式會社D&M

出　　　版／	楓葉社文化事業有限公司
地　　　址／	新北市板橋區信義路163巷3號10樓
郵 政 劃 撥／	19907596 楓書坊文化出版社
網　　　址／	www.maplebook.com.tw
電　　　話／	02-2957-6096
傳　　　真／	02-2957-6435
翻　　　譯／	楊家昌
責 任 編 輯／	王綺
內 文 排 版／	謝政龍
港 澳 經 銷／	泛華發行代理有限公司
定　　　價／	350元
初 版 日 期／	2020年8月

國家圖書館出版品預行編目資料

坂詰式正確肌力訓練教科書 / 坂詰真二
作；楊家昌翻譯. -- 新北市：楓葉社文化
2020.08　面；　公分

ISBN 978-986-370-225-2（平裝）

2. 健身 3. 肌肉

109007723

■作者簡介

坂詰真二

生於1966年。新潟縣人。「SPORTS &
SCIENCE」代表，並擔任NSCA認證肌
力與體能教練、NSCA認證私人教練、
D&M商會股份公司顧問、橫濱休閒與運
動專科學校講師。1990年於橫濱市立大
學文理學院畢業後，曾擔任People股份
公司（現為KONAMI SPORTS）總監與
教育指導，之後進入Sport Programs
公司擔任公司行號及個人選手的體能
教練。坂詰真二於1996年創業，在超過
25年的職業體能教練生涯中，培育超過
3000名教練，受邀擔任節目來賓高達
1500次以上。著有《パートナー・ストレ
ッチ》、《ラガーマン体型になれる筋力
トレーニング》（皆為KANZEN出版）等
多數著作、監修書籍，累計出版量超過
150萬本。

■示範模特兒

伊藤力也

就讀橫濱休閒與運動專科學校運動訓
練師學科，以職業體能訓練師為目標，
每日努力學習中。

松山有華

橫濱DeNA海灣之星棒球隊2015年度
「diana」啦啦隊成員，橫濱休閒與運動
專科學校畢業。

Q7 女性訓練時要注意哪些事？

A 選擇符合自己體能的負荷，依據月經週期進行肌力訓練

女性的肌力比男性弱，體脂肪較多，如果沒有以較弱的負荷進行肌力訓練，不僅無法達到訓練效果，也容易受傷。女性讀者可選擇本書列出的女性等級對象之訓練項目進行訓練。

此外，在月經前的黃體期，身心容易感到不適，要減少肌力訓練的頻率或次數，或是只做伸展運動，等到月經結束的卵泡期，再進行完整的肌力訓練。

Q8 做肌力訓練時可以搭配跑步嗎？

A 如果要跑步，不要跟肌力訓練放在同一天

跑步能減去更多體脂肪，促進身體健康，但由於對於身心的負擔較大，如果是以肌肥大為目標，建議先塑造出理想的體型後再開始跑步。然而，跑步會消耗大量的能量，產生疲勞，因此要選在不同天進行，如果必須在同一天進行這兩種運動，要先做肌力訓練。

坂詰式正確肌力訓練教科書

編集	株式会社ライブ
	齊藤秀夫
構成	三谷 悠
文字	田中瑠子／三谷 悠
插畫	株式会社BACKBONE WORKS
照片	魚住貴弘
版型	伊藤力也／松山有華
內頁設計	寒水久美子
攝影協助	メンズファッション SKY OCEAN
	スポルディング・ジャパン株式会社
	株式会社D&M

ITINITISANBUNKANDEKINNIKUHATSUKURERU!! SAKAZUMESIKI
TADASII 'KINTORE 'NOKYOKASYO
˜MATIGATTA FORMDEHAKINNIKUITIMIRIMOTSUKANAI!˜
Copyright ©2016 SAKAZUME SHINJI
©2016 Live
All rights reserved.
Originally published in Japan by KANZEN CO., LTD. Tokyo.
Chinese (in traditional character only) translation rights
arranged with KANZEN CO., LTD.
through CREEK & RIVER Co., Ltd. Tokyo.

出　　　版	╱楓葉社文化事業有限公司
地　　　址	╱新北市板橋區信義路163巷3號10樓
郵 政 劃 撥	╱19907596 楓書坊文化出版社
網　　　址	╱www.maplebook.com.tw
電　　　話	╱02-2957-6096
傳　　　真	╱02-2957-6435
翻　　　譯	╱楊家昌
責 任 編 輯	╱王綺
內 文 排 版	╱謝政龍
港 澳 經 銷	╱泛華發行代理有限公司
定　　　價	╱350元
初 版 日 期	╱2020年8月

國家圖書館出版品預行編目資料

坂詰式正確肌力訓練教科書 ／ 坂詰真二
作；楊家昌翻譯. -- 新北市：楓葉社文化
, 2020.08　　面；　公分

ISBN 978-986-370-225-2（平裝）

1. 運動訓練 2. 健身 3. 肌肉

528.923　　　　　　　109007723

■作者簡介

坂詰真二

生於1966年。新潟縣人。「SPORTS &
SCIENCE」代表，並擔任NSCA認證肌
力與體能教練、NSCA認證私人教練、
D&M商會股份公司顧問、橫濱休閒與運
動專科學校講師。1990年於橫濱市立大
學文理學院畢業後，曾擔任People股份
公司（現為KONAMI SPORTS）總監與
教育指導，之後進入Sport Programs
公司擔任公司行政及個人選手的體能
教練。坂詰真二於1996年創業，在超過
25年的職業體能教練生涯中，培育超過
3000名教練，受邀擔任節目來賓高達
1500次以上。著有《パートナー・ストレ
ッチ》、《ラガーマン体型になれる筋力
トレーニング》（皆為KANZEN出版）等
多數著作、監修書籍，累計出版量超過
150萬本。

■示範模特兒

伊藤力也

就讀橫濱休閒與運動專科學校運動訓
練師學科，以職業體能訓練師為目標，
每日努力學習中。

松山有華

橫濱DeNA海灣之星棒球隊2015年度
「diana」啦啦隊成員，橫濱休閒與運動
專科學校畢業。